The voice of wisdom

# 智慧之音

宗教圣贤人生语录

慧 子 编译

文化艺术出版社
Culture and Art Publishing House

**图书在版编目（CIP）数据**

智慧之音：宗教圣贤人生语录/慧子编译.－北京：
文化艺术出版社，2008.8
ISBN 978-7-5039-3556-5

Ⅰ.智... Ⅱ.慧... Ⅲ.宗教－人生哲学－通俗读物
Ⅳ.B91-49

**中国版本图书馆 CIP 数据核字（2008）第 117657 号**

## 智慧之音——宗教圣贤人生语录

| | |
|---|---|
| 编　　译 | 慧　子 |
| 责任编辑 | 胡　晋 |
| 装帧设计 | 刘宝华 |
| 插　　图 | 王　艋 |
| 责任校对 | 方玉菊 |
| 出版发行 | 文化艺术出版社 |
| 地　　址 | 北京市朝阳区惠新北里甲1号　100029 |
| 网　　址 | www.whyscbs.com |
| 电子邮箱 | whysbooks@263.net |
| 电　　话 | (010)64813345　64813346（总编室） |
| | (010)64813384　64813385（发行部） |
| 经　　销 | 新华书店 |
| 印　　刷 | 国英印务有限公司 |
| 版　　次 | 2008年8月第1版 |
| | 2008年8月第1次印刷 |
| 开　　本 | 787×1092毫米　1/32 |
| 印　　张 | 8.75 |
| 字　　数 | 140千字 |
| 书　　号 | ISBN 978-7-5039-3556-5/G·734 |
| 定　　价 | 22.00元 |

版权所有，侵权必究。印装错误，随时调换。

## 编译者的话

自从远古狰狞而阴暗的天际出现了第一抹文明的曙光，在人类祖先的大脑中第一次理解了生与死的巨大差别，人类自身的无比弱小和外界自然力量的无比强大，原始宗教便在不知不觉中产生了，此后，宗教便成为人生的伴侣。在人类看来，不仅变幻莫测的自然世界令人恐惧不安，而且人生的变化无常也是一个沉重无比的负担。因此思考自然、思考人生、思考社会是所有宗教的主题。后来，冷酷无情的帝王专制统治，永远看不到尽头的阶级压迫和剥削也被当作了一种超自然的安排。处于上层的统治阶级有意识地利用宗教，宣扬"君权神授"；处于下层的被统治阶级则希图以自己的服从和虔诚获得神的帮助，祈求来世幸福。宗教对于渺小而孤立的人来说，具有摆脱现世苦难的难以拒绝的心理诱惑。此外，宗教所具有的平等思想，它的组织和仪式使其成为被统治阶级反抗暴政、武装起义的思想基础和组织形式。因而宗教的功能由单纯的祈福禳灾变得复杂起来，以致模糊了人们的视线。

宗教作为一种历史悠久、流传广泛、形式多样、影响巨大的社会现象，简单武断地全盘否定和不加分析地全盘接受都是不可取的。对其丰富的、繁杂的内容进行深入细致的分析，吸取精华，剔除糟粕才是正确应有的态度，也是编著此书的目的。

在编译本书的过程中，我们发现虽然各种宗教产生的时代、地区、背景各不相同，它们的经典、仪式、组织、信仰内容、表述方式千差万别，但它们对人生基本问题的回答惊人的相似和一致，比如对爱的强调、反对战争、渴望和平、谦虚谨慎、追求正义等等内容。这都启示我们虽然现代社会日趋复杂，人的选择趋向多样，价值观念更加多元，但在人生问题上有些东西是恒久不变的，从中我们可以体验到人生的真谛。

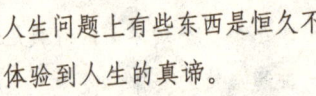

The voice of wisdom

# 目录

**世界主要宗教简介** /1

**宗教圣贤人生语录** /1

自然 /1　　　　憎恨 /43

人类 /5　　　　罪恶 /49

生命 /11　　　 道德 /57

爱 /15　　　　 幸福 /63

行善 /23　　　 快乐 /67

自制 /29　　　 骄傲 /73

愤怒 /35　　　 谦逊 /77

嫉妒 /81

沉默 /85

名誉 /91

帮助 /97

宽恕 /101

诚实 /107

勇敢 /115

教育 /119

学习 /125

才能 /131

智慧 /135

家庭 /143

正义 /149

战争 /155

和平 /161

忏悔 /167

思考 /173

服从 /179

引导 /185

奉献 /189

信仰 /195

报答 /201

永生 /205

行为 /211

义务 /217

友谊 /221

财富 /227

理想 /237

心灵 /241

工作 /247

金箴 /251

The voice of wisdom

# 世界主要宗教简介

**印度教简介**

印度教是中世纪初期流传至今的印度传统宗教,也称新婆罗门教。教徒绝大部分居住在南亚次大陆。在尼泊尔,印度教被奉为国教。

印度教是在婆罗门教基础上,吸收印度其他民间信仰,融合佛教、耆那教等的思想内容演化而来。4世纪时,在印度笈多王朝的大力扶持下,开始形成,中经8-9世纪商羯罗的改革,逐渐定型。印度教在某些方面虽与婆罗门教不同，但基本特征和文化传统，仍然因袭婆罗门教。

印度教的信仰、哲学伦理观点等相当繁杂甚至相互矛盾。信仰印度教的各社会等级、集团和不同文化阶层有着各自相异的信仰和实践。印度教没有统一的经典，也没有公认的教祖，因此很难对印度教的信仰和特征作出公认的定义。大致说来，印度教的基本信仰有这几方面的内容：种姓分立；业报轮回及其解脱；承认吠陀的权威；实质是一神论的多神崇拜；纵欲主义与苦行主义并行等。

目前，印度教在印度影响很大，据1982年统计，印度教教徒约占印度人口的82.7%。印度教对印度的法制、教育、文化和社会生活等方面都有着明显的影响。

The voice of wisdom

### 耆那教简介

耆那教(Jainism)是印度传统宗教之一。"耆那"一词原意为胜利者或修行完成的人。在汉译佛典中称为尼乾外道、无系外道、裸形外道、无惭外道或宿作因论等。耆那教自称是印度最古老的宗教,相传原有24位祖师,最早的创始人名勒舍婆。目前有历史记载的是二十三祖巴湿伐那陀和二十四祖筏驮摩那。后者生于古印度吠舍离一个王族家庭,属刹帝利种姓,是释迦牟尼同时代人,佛教称他为尼乾陀·若提子(意译离系亲子);耆那教徒称他为大雄。耆那教是沙门思潮之一,他们反对祭祀杀生,反对吠陀权威和偶像崇拜,指责婆罗门不学无术,言行不一;认为一切吠陀和祭祀都不能使罪人解脱。他们与佛教一样也要求种姓平等,声称婆罗门、刹帝利、吠舍、首陀罗的界限

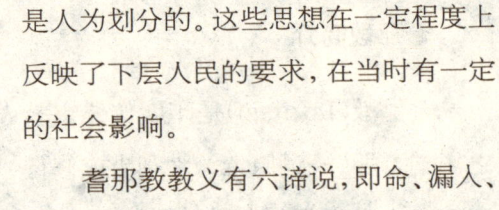

是人为划分的。这些思想在一定程度上反映了下层人民的要求,在当时有一定的社会影响。

耆那教教义有六谛说,即命、漏入、系缚、制御、寂静和解脱。认为宇宙万物由灵魂(命)和非灵魂(非命)组成。耆那教是印度最早提出原子论学说的派别之一,认为原子是不可分的,无始无终,是无限的、永恒的,具有味、香、色和两种触(粗与细,冷与热)的属性。

耆那教在宗教伦理观上,提出了漏入和系缚的理论,他们认为一切有生命的物类其本性是清净、圆满的,但是非生命体的物质却常常形成一种障碍,掩盖着灵魂原有的光辉,使灵魂受着束缚。这种障碍称为业。他们认为业是一种特殊的、细微不可见的物质,这种物质流入灵魂并附着于灵魂即为漏入。业有八类:智业遮盖灵魂的智慧;见业遮盖正确的直觉;受业遮盖灵魂的幸福,

滋生苦乐；痴业遮盖正信，产生情欲；寿业决定生命的长短；名业决定身体的特质；种业决定种姓、国籍；遮业决定性力。这八种业是前生所定的(宿作因)，它们系缚在灵魂上，要想解脱就得制御。

他们认为制御的方法是持五戒，修三宝，实行苦行。五戒是不杀生、不欺诳、不偷盗、不奸淫、不蓄私财。三宝为正智(正确习解)、正信(正确信仰)、正行(正确实行)。耆那教徒还实行各种苦行，他们认为只有苦行才能排除旧业，使新业不生，达到寂静，使灵魂呈现出原有的光辉，从而脱离轮回之苦，获得解脱。

耆那教拥有大量宗教历史文献。最古和最重要的经典是"十二安伽"(十二支)。它记录了大雄及其他祖师的言行。

### 锡克教简介

锡克教(Sikhism)是印度旁遮普地

区的民族宗教。锡克为印地文Sikha(意为门徒)的音译。产生于16世纪初莫卧儿帝国统治时期。是印度教虔诚派运动特别是迦比尔宗教思想体系继续发展的产物。

锡克教主张一神论，认为世界上的任何现象都是神的表现；在神的面前人人平等，种姓分立和歧视妇女等都是违背神意的；只有使个人灵魂和神结合才能获得最后解脱。因此，它既反对祭司制度、偶像崇拜、烦琐的祭祀礼仪，也反对苦行和消极遁世。其圣典为《阿底格兰特》，意为原初圣典。所谓原初，是指这部经典早于另一经典《十祖圣典》。

锡克教奉行祖师崇拜制，祖师共十代。第一代祖师那纳克是锡克教创始人，生于拉合尔附近的塔尔提村(今那纳克村)，属刹帝利种姓，早年曾从事商业并在拉哈尔政府当过小官吏。他创立了锡克教后，为了宣扬其信仰曾周游印

度各地,还到过伊斯兰教圣地麦加和巴格达朝拜。至十祖戈宾德·辛格时,教徒中占多数的已是农民群众和城市贫民,他们反对教内封建上层人物的特权地位。戈宾德·辛格不得不进行改革,宣布把以前集中在"活神"(即导师)手中的宗教和世俗的最高权力转交给教徒的集体组织——锡克教社团。为同正统印度教划清界限,他规定锡克教徒成年时必须举行特殊的洗礼——剑礼,即用双锋剑搅匀的水洒身。经过剑礼后,男教徒的名字加辛格(狮子),女教徒的名字加考儿(公主)。嗣后,又形成了一种叫做"五K"(五种行事,每件事印地文起首字母为K)的习俗,即蓄长发、加发梳、短衫至膝、戴铁手镯、佩剑。男子婚前要集体居住,以全副精力练习刀剑武功。在戈宾德·辛格的领导下,锡克教军队多次打败莫卧儿帝国和印度教士邦的联军。最后戈宾德·辛格遇刺而死。十祖之后,锡克教的著名军事和宗教领袖是班达和兰季特·辛格。

目前锡克教徒大部分居住在旁遮普邦,在德里和喜马拉雅山麓一带,也有部分教徒。随着锡克教的对外传播,近年在东非、英国、加拿大、美国、泰国以及香港等地区,也有少量锡克教徒。

**神道教简介**

神道教是日本的民族宗教。简称神道。从日本原始宗教发展而来,最初以自然精灵崇拜和祖先崇拜为主要内容。5-6世纪之际,吸收了中国儒家的伦理道德和佛教、道教的某些教义或思想,逐渐形成比较完整的宗教体系。大体分为神士神道、教派神道和民俗神道三大系统。信仰多神,号称有80万神、800万神或1500万神,特别崇拜作为太阳神的皇祖神——天照大神。称日本民族是"天孙民族",天皇是天照大神的后裔并

且是其在人间的代表，皇统就是神统。祭祀的地方称神社或神宫，神职人员称为祠官、祠掌等。

明治维新（1868）以前，佛教盛行，神道教处于依附地位，二者结合形成两部神道、天台神道等神道学说。

德川幕府时期（1603-1867），一部分神道学者把崇拜天照大神的神道教义与中国宋代朱熹理学相结合，强调尊皇忠君，主张神道教独立；从而出现吉川惟足的吉川神道、山崎斋的垂加神道等学派。德川后期，由荷田春满倡导，中经贺茂真渊、本居宣长，至平田笃胤，逐渐形成复古神道；依据《古事记》、《日本书纪》等日本古代典籍阐述神道教义，反对神道教依附儒、佛，并利用部分儒佛学说和某些西方神学思想来解释神道教义，鼓吹以日本为中心，建立以神道教为统治思想的世界秩序。同时，在民间以传统的神道信仰为基础，吸收复古神道等神学理论，陆续形成若干神道信仰团体，后称为教派神道。

明治维新后，为了巩固皇权，实行神佛分离，以神社神道作为国家神道。第二次世界大战后，据日本新的宗教法令规定其为民间宗教。

## 犹太教简介

犹太教(Judaism)是世界各地犹太人信奉的宗教。Judaism 源于古希腊Ioudaismos一词，用以概括犹太人的宗教信仰及宗教习俗。

根据考古发现，公元前13世纪末至前12世纪期间，以色列人及其他一些半游牧民族自美索不达米亚跨越沙漠，进入当时已发展农业生产的迦南(今巴勒斯坦)地区定居。公元前12至前11世纪间，以色列人在与外族冲突及内部纷争中，各氏族间先后形成12个部落，共同信奉雅赫维为唯一真神。约公元前993

年，迦南南部犹太部落大卫王统率以色列各部落，战胜迦南西部地中海沿岸的非利士人及叙利亚、约旦河以东各族，建立统一的以色列人国家，以耶路撒冷为统治中心。其子所罗门继位后在此修建圣殿。公元前933年，以色列分裂为南部犹大、北部以色列两国，彼此连年争战。公元前722年，以色列国亡于亚述。犹大国臣服苟存。公元前7世纪末，亚述帝国衰落，埃及、巴比伦相继统治巴勒斯坦。公元前587年，巴比伦占领耶路撒冷，焚毁圣殿，并将大部居民掳往巴比伦。犹太人认为此乃自身犯罪、背叛雅赫维另拜其他神所受的惩罚，唯有向雅赫维认罪祈求，方能重返故园；民族与宗教意识由此愈益加深。现代许多学者认为，犹太历史、律法文献就是公元前587至前538年被掳巴比伦期间逐渐定型的。

犹太教经典内容包括律法书、先知

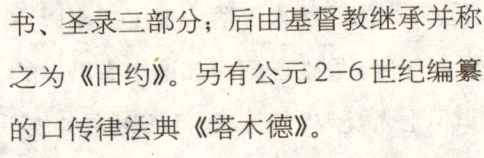

书、圣录三部分；后由基督教继承并称之为《旧约》。另有公元2-6世纪编纂的口传律法典《塔木德》。

犹太教原无公认的成文信条。12世纪迈门尼德认为犹太人受基督教、伊斯兰教影响，信仰发生动摇，因著《困惑导引》。其中列举犹太教信仰13条款：1.创造主创造并管理自然界及一切受造之物；2.创造主乃独一无二真神；3.创造主无形无体无相；4.创造主乃最先的，亦是最后的；5.创造主系唯一值得敬拜之主，此外别无可敬拜之物；6.先知一切话语皆真实无误；7.摩西预言是真实的，是先知中最大的一位，在其前或其后，无一人胜过他；8.犹太教传统律法系最初神向摩西所传，并无更改；9.律法永不改变，亦不会被取代；10.创造主洞察世人一切思想行为；11.创造主向遵守律法的人赐予奖赏，向践踏律法之人降罚；12.教世主弥赛亚必将再

**The voice of wisdom**

来，应每日盼望，永不懈怠；13.最终，死人将复活。此13条被后世犹太教广泛接受，具有信条性质。

犹太教教规除十诫外，拉比时代逐步发展并被确认的诫命、律例、规条共613条，分为两类，以"你当"字句开始者248条，以"不得"字句开始者365条，内容包括政治、经济、法律、社会、伦理、神学、仪礼以至起居饮食等方面，涉及犹太人全部生活。

犹太教进入19世纪形成三派。

正统派以犹太教拉比参孙·拉菲尔·赫尔许及以色列·希尔德夏默为代表，主张容纳现代科学文化，但坚持犹太教信仰与传统，认为传统犹太教教义、条例、613条诫命不能更改，否则即为异端。

改革派继承犹太思想启蒙运动，主张消除任何使犹太人与众不同之处。认为犹太人并非一个民族，不应有其国家

或独特文化；犹太教仅为一种宗教，犹太人之间关系仅限于共同信奉犹太教。东欧、德国的犹太人对此表示反对，在美国则较为盛行。第二次世界大战中，纳粹屠杀欧洲犹太人，使美国的改革派转变态度，支持成立以色列国。

保守派介于改革派、正统派之间，除割礼及饮食禁忌外，原则上接受律法、传统礼仪，并灵活应用。主张犹太宗教、文化、民族主义融为一体，积极支持犹太复国主义。第一次世界大战后，美国犹太教神学家莫迪凯·卡普兰鼓吹犹太教是一种不断演进的宗教文化，并非犹太人生活中一个孤立部分，既是宗教，又是文化，是犹太民族主要标志。他的主张被称为重建主义。在其影响下，保守派逐渐向改革派靠近，人数也有所发展。

### 拜火教简介

拜火教是琐罗亚斯德教(Zoroastrianism)在中国古籍中的称呼，在中国历史上还将其称为祆教、火祆教。拜火教的创始人是琐罗亚斯德，他是一个真实的历史人物，但随着时间的推移，琐罗亚斯德成了一个神话式的人物，他的生平和活动也披上了朦胧的神话色彩。

琐罗亚斯德认为，在元始时代，存在着善和恶两种神灵，善恶二元论反映了古代波斯居民对世界的基本观点。

在琐罗亚斯德的教义中，善和恶二神是一对孪生兄弟，但善神在战胜恶神后，善神成为光明和黑暗王国的主宰者、全知全能的宇宙的创造者、人间恩惠的施与者、末日的审判者和报应的裁判者。因此，琐罗亚斯德教是哲学上的二元论和神学上的一神论。

琐罗亚斯德认为，在光明与黑暗、

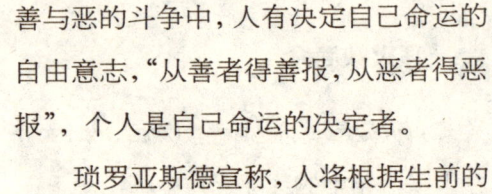

善与恶的斗争中,人有决定自己命运的自由意志,"从善者得善报,从恶者得恶报",个人是自己命运的决定者。

琐罗亚斯德宣称,人将根据生前的行为决定其归属。善的灵魂进入天堂,恶的灵魂坠入地狱。

中国将琐罗亚斯德教称为"拜火教",是因为该教对圣火的崇拜。在琐罗亚斯德教中,对火的崇拜是教徒的首要任务,在寺庙中、教徒家中、工作场所都必须点燃长明的圣火。点燃和保存圣火都有严格的规定,要经过繁复的仪式,并且使用特制的器具。

琐罗亚斯德教对世界其他宗教,尤其对基督教有极其深远的影响,它的若干基本概念在《新旧约全书》中都有比较明显的反映,尽管基督教对此只字未提。

The voice of wisdom

# 宗教圣贤人生语录

## 自然

物循乎自然,人能明于自然,此人物之异也。

【儒教】

The voice of wisdom

以天为父,以地为母。阴阳为纲,四时为纪。天静以清,地定以宁。万物失之者死,法之者生。

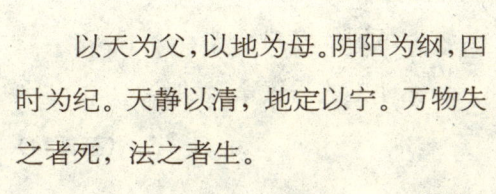

(道教)

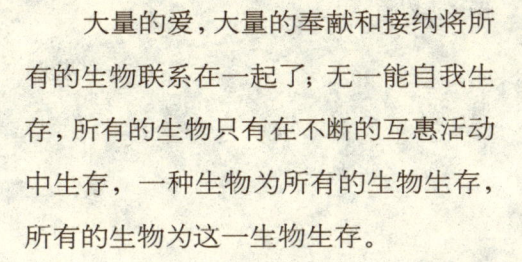

大量的爱,大量的奉献和接纳将所有的生物联系在一起了;无一能自我生存,所有的生物只有在不断的互惠活动中生存,一种生物为所有的生物生存,所有的生物为这一生物生存。

(犹太教)

这块土地贫瘠干枯，

整块土地腐败衰落，

天地间空空荡荡。

上帝的子民，

违反他制定的法律，

破坏他订立的永久的约定，

污染居住的土地，

上帝诅咒这块土地，

土地上的居民全遭殃。

**（基督教）**

物循乎自然，人能明于自然，此人物之异也。

**（儒教）**

The voice of wisdom

# 人类

众人皆能写人之形,而不能写己之形;皆能求人之恶,而不能求己之恶;皆能知人之祸,而不能知己之祸。

【道教】

The voice of wisdom

有四种人：

一种人说："我的是我的，你的是你的。"——这种人最普通。

第二种人说："我的是你的，你的是我的。"——这是无知的人。

第三种人说："我的是你的，你的也是你的。"——这是圣贤。

第四种人说："我的是我的，你的也是我的。"——这是坏人。

**（犹太教）**

上帝创造的人类具有四种天使的品质，又具有四种低等动物的特点。

跟动物一样，人要吃、喝、生育、死亡。

跟天使一样，人能直立行走，会说话、思考和认识物体的侧面和正面。

**（犹太教）**

人之于万物，一物也。其所以异于禽兽虫鱼者，岂非道德之性全乎哉？

**（儒教）**

人之难知也，江海不足以喻其深，山谷不足以配其险，浮云不足以比其变。

**（儒教）**

一切众生皆可以成佛，佛法是不拣挑任何人的。男女应该平等，一切众生都是平等。佛法是以人类为本，在人为本的立场说，无论是男子或女人，修功德、智慧、自利利人、断除烦恼，都是

**The voice of wisdom**

一样可以求得圣果的。

**（佛教）**

论人之道，贵则观其所举，富则观其所施，穷则观其所不受，贱则观其所不为，贫则观其所不取。

**（道教）**

众人皆能写人之形，而不能写己之形；皆能求人之恶，而不能求己之恶；皆能知人之祸，而不能知己之祸。

**（道教）**

人是最高级的动物。他是一个有着不能被尘世玷污的不朽的灵魂的动物。没有什么比人更高贵。

**（印度教）**

人是神的创造物，以神之爱铸成。人被造得比神低级些许。作为神的儿

子，人是神这个陶工手的陶土，被按照他的意志而造成。

**（耆那教）**

人之躯体是神的居所，
　神是人的灵魂，是人之永久本性。

**（锡克教）**

神因为喜欢人而创造了人。来自神的人之思想被灌注人身。因此，人应只做善事，避离所有的邪恶。

**（拜火教）**

The voice of wisdom

# 生命

人之过在于哀死，而不在于爱生；在于悔往，而不在于怀来。

【儒教】

The voice of wisdom

保存生命与为不可放弃的理想和道义去死相比显得微不足道。

（犹太教）

做人要深深了知人生年华的短暂，生命的无常，身心念念都在生灭变易。因此要赶快把握人生，不要使身心陷在财色的深渊中，不要生骄慢的心，不要过放逸的生活，把心要栖息在高胜的境界，愿身心停留在清凉的天地，对别人要施仁爱，来世才可以增长他人对自己的欢喜，美名才能流传后代。

（佛教）

富如苟不如贫以誉,生以辱不如死以荣。

**(儒教)**

人之过在于哀死,而不在于爱生;在于悔往,而不在于怀来。

**(儒教)**

生也死之徒,死也生之始。

**(道教)**

# 爱

(爱情)

有爱就没有恐惧，完善的爱能驱逐一切恐惧。

【基督教】

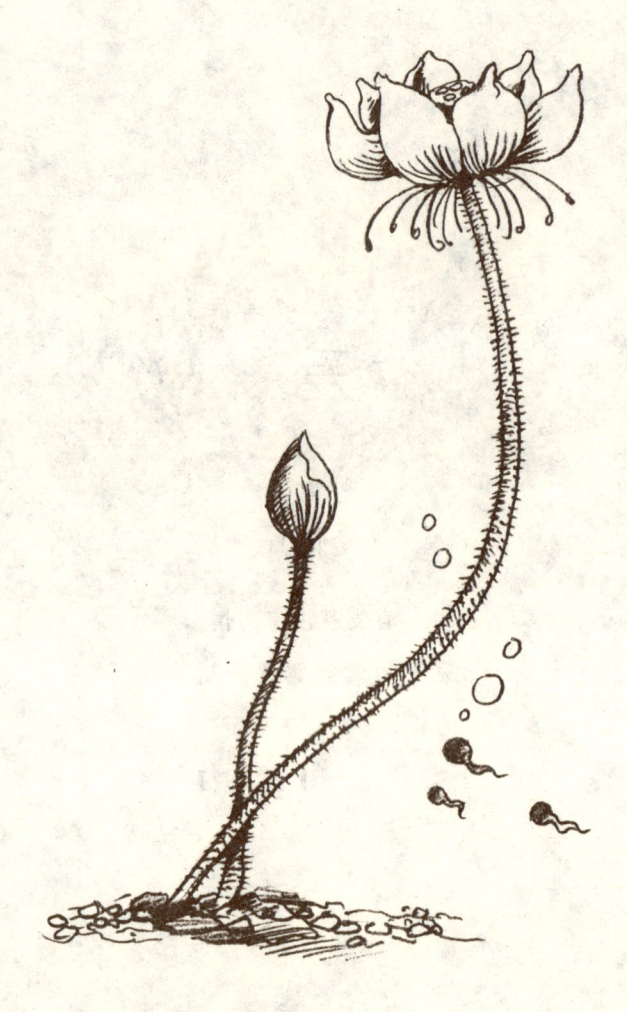

The voice of wisdom

情感是由过去的缘分和今世的怜爱所产生的,宛如莲花是从水和泥土这两样东西孕育出来的。

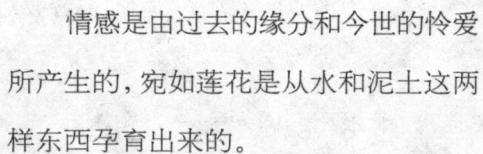

(佛教)

爱人者,人恒爱之;敬人者,人恒敬之。

(儒教)

仁之法在爱人不在爱我;义之法在正我不在正人。

(儒教)

圣人爱念百姓，如孩婴赤子长养之，而不责望其报。

**（道教）**

粗茶淡饭而彼此相爱，
胜过酒肉满桌而彼此仇恨。

**（基督教）**

爱情跟死一样强……
它的火焰如同烈火，
熊熊燃烧。
水也不能扑灭爱情，
洪水也不能淹没它。

**（基督教）**

我即使会讲人间的各种话，甚至天使的话，要是没有爱，我的话就是吵闹的锣和响亮的钹。我即使有布道的才

**The voice of wisdom**

能，了解一切奥秘，一切知识；我即使有坚强的信心，能够移山填海，要是没有爱，我就一无所有。我即使把一切施与他人，甚至捐献身躯供人燃烧，要是没有爱，我徒劳无功。

(基督教)

爱是忍耐、仁慈。有爱就不嫉妒、不自夸、不骄傲、不鲁莽、不自私、不动怒。有爱就不会记仇，就不会做不义之事，而做正义之事了。爱就是忍受一切，相信一切，希望一切，包容一切。爱是永恒的。

(基督教)

信心、希望和爱，这三样是永恒的，但其中最大的是爱。

(基督教)

有爱就没有恐惧,完善的爱能驱逐一切恐惧。

**(基督教)**

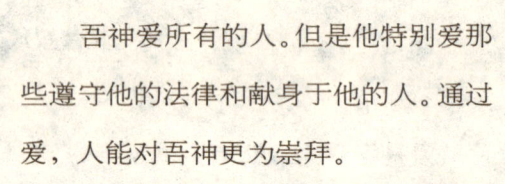

吾神爱所有的人。但是他特别爱那些遵守他的法律和献身于他的人。通过爱,人能对吾神更为崇拜。

**(印度教)**

人应怜悯所有的生物,并且时时遵守戒律。

**(耆那教)**

太阳神会拜访充满爱的家庭。爱是太阳神的象征。

**(神道教)**

The voice of wisdom

一个爱神的人,将真诚地洗去他所有的不洁;借助爱同伴和爱神,我们得到拯救。

**(锡克教)**

每个人都应热爱美德。人们承受神之爱,反过来也该爱神。

**(拜火教)**

# 行善

善不可谓小而无益,不善不可谓小而无伤。

【儒教】

The voice of wisdom

行善不以为名，而名从之，名不与利期，而利归之；利不与争期，而争及之，故君子必慎为善。

**（道教）**

圣人之于善也，无小而不举。

**（道教）**

积善有征，终身无祸。

**（道教）**

以时光起誓，
的确，人类总是亏欠，

除非他们信主，行善，
并且以真理相劝，以忍耐互勉。

（伊斯兰教）


如果你们行善，
是为自己行善；
如果你们作乱，
也是为自己打算。

（伊斯兰教）


行善者受善报，且有余庆，脸上没有黑灰和忧色，这些人是乐园中的居民，将永居其中。

（伊斯兰教）


及时行善，以免你的心里再起坏念头。凡是拖延行善的人，内心不易与恶事断绝。

（佛教）

**The voice of wisdom**

莫轻视小善，以为我不会受到报应。小水滴不断地落下，最后能灌满整个瓶子，所以聪明的人逐渐积累小善，而致使他整个人充满着福德。

（佛教）

假如一个人痛改前非而开始行善，就如同明月不受乌云的笼罩，能照亮大地。

（佛教）

善不可谓小而无益，不善不可谓小而无伤。

（儒教）

人之为不善，一不善而足。人之为善，百善而不足。

（儒教）

才敏过人，未足贵也；博辩过人，未

足贵也；勇决过人，未足贵也。君子之所贵者，迁善惧其不及，改恶恐其有余。

（儒教）

古之君子，其责己也重以周，其待人也轻以约。重以周，故不怠；轻以约，故人乐为善。

（儒教）

子钓而不纲，弋不射宿。

（大意是：孔子钓鱼，但不用大绳拉网捕鱼；射鸟不射夜宿归巢的鸟）

（儒教）

上帝要按每一个人的行为报应他；对那些坚持行善、追求荣耀、不朽的人，他要赐他永恒的生命。

（基督教）

The voice of wisdom

# 自制

缺乏自制的人,就像没有城墙的城堡,易于攻取。

【基督教】

The voice of wisdom

常思索苦恼的来源,善于约束自己的感官,饮食有节制,充满信心和干劲,就不会被邪魔所击败,宛如大山岩石不会被风所动摇。

**(佛教)**

忍耐胜过威力,自制强如攻城。

**(基督教)**

智者沉默寡言,慧者心平气和。

**(基督教)**

缺乏自制的人,就像没有城墙的城堡,易于攻取。

**(基督教)**

蠢人怒容满面，智者不动声色。

**（基督教）**

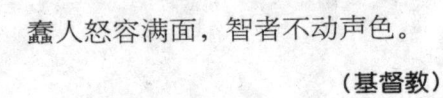

每个人都要虚心听取别人的意见，不要急于表态，更不要轻易动怒。发怒的人并非上帝的正义就在他一边。所以，你们要摆脱不良习惯和邪恶的行为，心平气和地接受上帝移植在人心中的道理，使你们的灵魂得救。

**（基督教）**

乐不可极，极乐成哀；欲不可纵，纵欲成灾。

**（儒教）**

君子有三戒：少之时，血气未定，戒之在色；及其壮也，血气方刚，戒之在斗；及其老也，血气既衰，戒之

在得。

（儒教）

圣人正方以约己，人自正方以从化。

（道教）

# 愤怒

愤怒杀死愚妄者,
嫉妒杀死痴迷人。

【基督教】

The voice of wisdom

人的性情有四种：

容易激怒也容易平息的人——他的所得被其所失抵消了。

很难激怒也很难平息的人——他的所失被他的所得抵消了。

很难激怒却很易平息的人——圣人。

很易激怒而又难以平息的人——恶人。

**（犹太教）**

不要让自己沉湎于悲痛，也不要庸

庸自忧。愉快的心境会让人保持活力，欢乐会使人益寿延年，嫉妒和愤怒使人夭亡，紧张渴求使人早衰。心境愉快欲念正常的人吃什么都有味道。

（犹太教）

假如你心存怨恨，那么它不但会阻碍你心智的发展，而且使你无法判断那言论到底是对还是错。

（佛教）

情一流则难遏，气一动则难平。流而后遏，动而后平，是以难也。察而养之未流，则不至于用遏也；察而养之于未动，则不至于用平矣。

（儒教）

愤怒杀死愚妄者，嫉妒杀死痴迷人。

（基督教）

The voice of wisdom

上帝从不允许放纵脾气。人不应动辄发怒，而应乐于宽恕。如果一个人憎恶他人，他就会像一个杀害自己兄弟的凶手，基督徒的特征是热爱而非憎恨。

**（基督教）**

阿布·胡松勒转述真主的口信说："最好的斗士并非强有力之人；强有力者只是那些在失去理智时能控制自身的人。"

**（伊斯兰教）**

愤怒萌生混乱。要想成为自己和周围环境的主人，必须制怒。理想的人是不为恨和怒所动的人。

**（印度教）**

坏脾气引起紊乱。谁避免了坏脾

气,谁就可能清醒和有条不紊。

（印度教）

坏脾气的人绝不是聪明或虔诚之人。聪明或虔诚的人忍受迫害和烦扰而不发愁,只有无知和邪恶者才放纵脾气。

（耆那教）

愤怒是玷污心灵的情绪。智者制怒,唯恐愤怒使他陷入情绪的网罗,就像被胶粘住的苍蝇。即使被人痛打,真正的信徒也将不会生气发作。

（耆那教）

清除贪欲和谎言,
就像赶走一条狗。
欺骗在吞食死去的躯体,
诽谤和诋毁使人嘴发臭。

The voice of wisdom

愤恨会灼烤我自己,
就像在火葬。
哦,神,我主,
我一直沉溺于狂妄,
指点我该做些什么!

(锡克教)

以德报怨。不要愤怒,不要与你的同伴争斗。聪明人从不发怒。

(拜火教)

# 憎恨

君子能受纤微之小嫌,故无变斗之大讼。

**【儒教】**

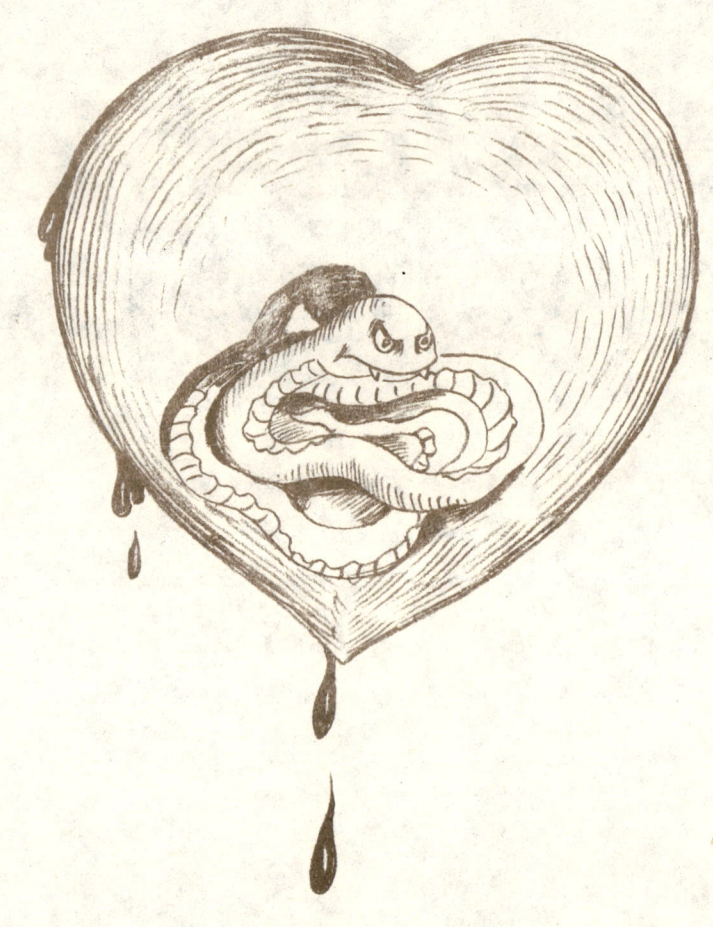

The voice of wisdom

如果一个人说"我爱上帝",但他却憎恨自己的兄弟,这个人就是骗子,因为他连自己所能看见的兄弟都不爱,更谈不上爱他所看不见的上帝了。

(基督教)

爱和无怨应支配一切。如果一个人心存仇恨,在祈祷之前应该把它赶出心灵。仇恨会使一个人成为谋杀者。

(基督教)

没有贪爱和憎恨的人,就没有束缚。

(佛教)

贪心是最猛烈的火，憎恨是最坏的执著，迷惑和错误的见解是最难逃脱的网，爱欲是最难渡过的河流。

(佛教)


贪欲、憎恨和无知是疾病的三大要素。

(佛教)


阿布·奥沙里转述真主使者的话说："一个人与他的兄弟分离三天以上是不允许的。当他们相遇时，若是一个人背过身去，另一个人也转过身去，那首先伸出友谊之手的人是两个人中较好的一个。"

(伊斯兰教)


仇恨一个兄弟是错误的。仇恨引起倾轧，倾轧会毁灭一个民族。只有傻子才会放任仇恨。

(犹太教)

The voice of wisdom

君子能受纤微之小嫌,故无变斗之大讼。

(儒教)

爱而知其恶,憎而知其善。

(儒教)

众恶之,必察焉;众好之,必察焉。

(儒教)

以德报怨。聪明人不怀恨,而总是寻求做善事。他不会涉足纠纷,所以没有人纠缠和仇恨他。

(道教)

仇恨孕育慌乱。只有当心灵摆脱仇恨时,清晰的思想和谨慎的行为才会到来。

(印度教)

仇恨会吞噬和玷污灵魂。人应不惜任何代价避免仇恨,去净化自己的灵魂。

**(耆那教)**

那沉浸于神之感召中的人,
将不会心存嫉妒。

**(锡克教)**

The voice of wisdom

# 罪恶

罪恶隐不过三年。
勿视恶行,莫听恶言,
不出恶语。

【神道教】

The voice of wisdom

好言人之恶,谓之谗;析交离亲,谓之贼。

(道教)

积羽沉舟,群轻折轴,故君禁于微。

(道教)

那些在阳光下作恶的人——世人将惩罚他们;那些在暗中作恶的人——上天将惩罚他们。那些敬畏人们和上天的适于自行其是。

(道教)

物质上的快乐是从不存在的,罪孽总是随之而来,当一个人染上尽情吃喝的恶习以后,任何一次奢侈机会的丧失对他都将是一场灾难。为了维持他所习惯的餐宴,他将不得不卷入险恶的金钱交易之中,伴随着而来的便是谎言、虚伪、贪婪……然而只要他拒绝那种享受欲望的引诱,他将避免一切罪孽。

(犹太教)

更多的肉食,意味着更多的蛀虫;
更多的拥有,意味着更多的担忧;
更多的妻子,意味着更多的巫术;
更多的女仆,意味着更多的淫邪;
更多的男佣,意味着更多的抢劫。

(犹太教)

任何能够防止家庭成员犯罪而没有这样去做的人,都要为他家庭成员所犯罪恶受到惩罚。

The voice of wisdom

如果他能够防止他的同胞犯罪而没有去防止,他要为他的同胞的罪恶受到惩罚。

如果他能防止整个世界的犯罪而没有防止,他要由于整个世界的罪恶而受到惩罚。

**(犹太教)**

恶人像翻滚的海,不得平静,海水翻腾出淤泥污秽,我的上帝说:恶人没有平和。

**(基督教)**

耕种罪恶的收获罪恶,播种烦恼的也收获烦恼。

**(基督教)**

天下有大恶者五,而盗窃不与焉。一曰尽逆而险,二曰行僻而坚,三曰言伪而辩,四曰记丑而博,五曰顺非而泽。

此五者，有一于人，则不免君子之诛。

（儒教）

从善如登，从恶如崩。

（儒教）

小人以小善为无益而弗为也，以小恶为无伤而弗去也，故恶积而不可，罪大而不可解。

（儒教）

不要轻视小恶，以为我不会受到报应。水瓶是由小水滴滴满的。愚笨的人不断地做出微小的坏事，日子久了，整个人就充满了邪恶。

（佛教）

贪爱、憎恨和愚痴是心理的三大污垢。杀害、盗窃、邪淫是身体的三大污垢。挑拨离间、讲粗话、撒谎、花言巧

The voice of wisdom

语是语言的四大污垢。

（佛教）

当罪恶的行为还没有成熟时(尚未产生结果)，愚笨的人视罪恶的行为如同甜蜜。可当他的行为成熟时，他便有了忧伤。

在恶行未成熟以前，行恶的人总以为自己干得天衣无缝，但等到恶行成熟时，行恶的人便尝到不好的后果。

（佛教）

作恶之人不能希望得到最终幸福。神必惩罚他的罪恶。所有的痛苦和灾难都源于恶行。

（印度教）

当一个人付出他真诚的努力去日复一日地清洗他自己的恶念、恶语和恶行后，那时他便可不论在白天或者黑夜遵

从自己的悟性、善念、善言和善行。

**（拜火教）**

罪恶隐不过三年。勿视恶行，莫听恶言，不出恶语。

**（神道教）**

当衣服脏污不洁时，
我们用肥皂去清洗；
当头脑充满罪恶时，
我们以吾神之爱去净化。
热衷于虚妄、贪欲、愤怒和骄傲，
将把自己召进罪恶之境；
邪念导致恶行，使你忘记无所不在的主。
从你心灵里清除罪恶，
去为他人服务。
时时记着上帝，
你所有的罪恶将被清洗。

**（锡克教）**

The voice of wisdom

# 道德

(品德)

良贾深藏若虚,
君子盛德若愚。

【道教】

The voice of wisdom

修之于身，其德乃真；修之于家，其德有余；修之于乡，其德乃长；修之于国，其德乃丰；修之于天下，其德乃普。故以身观身，以家观家，以乡观乡，以国观国，以天下观天下。

（道教）

道之在天下，犹如谷川之与江海。

（道教）

喜怒者，道之邪也；忧悲者，德之失也；好憎者，心之过也；嗜欲者，性之累也。

（道教）

良贾深藏若虚，君子盛德若愚。

（道教）

含德之士，重身而轻天下，犹慈父孝子不以其有易其邻；大身而细物者，犹良贾察商不以珠玉易瓦铅也。其无欲也，非恶货而好廉，天下之物莫能悦其心也；其为虚也，非好静而恶扰也，天下之事莫足为也。

（道教）

你们销售时必须给够分量，
应该按公平的量具计算，
这是一种美德，结局也最完满。

（伊斯兰教）

寻求德性，摒斥恶迹，
这样活得更安稳。
万军之主耶和华，

**The voice of wisdom**

形影不离在附近,
嫉邪恶,循善行,
正义之感早养成。

（犹太教）

邪恶的人和正直的人之间的区别在于：邪恶的人被自己的心所控制,而正直的人把自己的心置于自己的控制之下。

（犹太教）

立志如大山,种德若深海。

（佛教）

健康是最佳的礼物,知足是最大的财富,信心是最好的品德。

（佛教）

作德,心逸日休；作伪,心劳日拙。

（儒教）

富润屋,德润身,心广体胖。

（儒教）

德不孤,必有邻。

（儒教）

栖守道德者,寂寞一时;依阿权势者,凄凉万古。

（儒教）

德者人之所严,而才者人之所爱;爱者易亲,严者易疏,是以察者多蔽于才而遗于德。

（儒教）

The voice of wisdom

# 幸福

生活的福祉是对善行的回报。

【犹太教】

The voice of wisdom

奢者三岁之计一岁之用,俭者一岁之计三岁之用。至奢者犹不及,至俭者尚有余。奢者富不足,俭者贫有余。奢者心常贫,俭者心常富。奢者好亲人,所以多过;俭者能远人,所以寡祸。奢者侍君必有所辱,俭者事君必保其禄。奢者多忧,俭者多福。

(道教)


夫德,福之基也,无德而福隆,犹无基而厚墉也,其坏也无日矣。

(儒教)

闻善而行之如争，闻恶而改之如仇，然后灾祸可离，然后保福也。

（儒教）

布施者得福，慈心者无怨。
为善者消恶，离欲者无恼。

（佛教）

生活的福祉是对善行的回报。

（犹太教）

谁是富翁?那些对他们拥有的一切感到满意知足的人。

（犹太教）

# 快乐

自我控制是快乐之源,谁能控制自己的欲望,谁就能获得快乐。

【耆那教】

The voice of wisdom

富而富之愈不乐,贵而贵之愈不美,赏而赏之愈不足,爱而爱之愈不敬。金玉者,富之常;官爵者,贵之常。渴饮则甘,饥食则香。

(道教)

工作不仅带来报酬,也带来快乐。

(伊斯兰教)

勤奋工作,遵守法律,其乐无穷。

(犹太教)

基督徒的生活是一种快乐的生活。不论在任何时候,也不论在任何艰难困苦中，基督徒的生活总是快乐的——因为他坚持自己的信仰，在天堂会有他一份丰厚的报酬。

（基督教）

穷天下之物，无不得其欲者，富贵者之乐也；至于荫长松，藉丰草，听山涧之潺湲，饮石泉之滴沥，此山林之乐也。

（儒教）

父母俱存，兄弟无故，一乐也；仰不愧于天，俯不怍于人，二乐也；得天下英才而教育之，三乐也。

（儒教）

饭疏食，饮水，曲肱而枕之，乐亦在其中矣。不义而富且贵，于我如浮云。

（儒教）

The voice of wisdom

益者三乐,损者三乐。乐节礼乐,乐道人之善,乐多贤友,益矣。乐骄乐,乐佚游,乐晏乐,损矣。

**(儒教)**

智者和善良者在现世和来世都能获得快乐。人们不应刻意追求快乐和幸福,而应发现快乐是善行的必然结果。行善是获得理想的满足和快乐的秘诀。

**(佛教)**

真正的快乐不是来自于外界物质世界,而是来自于精神世界。这是一种内心灵魂的快乐,任何外界事物都不能毁坏它。这种快乐来自于上帝,是善行的报答。这是贤哲才拥有的真正的快乐。

**(印度教)**

自我控制是快乐之源,谁能控制自

己的欲望，谁就能获得快乐。

（耆那教）

积德行善，其乐融融。

（神道教）

在神的殿堂中，
我们快乐无穷。
神造万物，
是一切幸福快乐的源泉。

（锡克教）

信奉神，获得真正的快乐。热爱生活，公正生活的人们，远离带来灾难邪恶者，获得无穷的快乐。

（拜火教）

The voice of wisdom

# 骄傲

若恃其功,则功细矣;若恃其德,则德薄矣。

【道教】

The voice of wisdom

若恃其功,则功细矣;若恃其德,则德薄矣。

(道教)

看那些骄傲的人,
把他们拉下来,
把恶人赶跑。
我憎恨骄傲自大、作恶多端、胡言乱语。
骄傲会带来羞耻。
骄傲导致死亡,
傲慢必然失败,
恶人狂妄高傲,炫耀自己,这就是

罪恶。

骄傲使人失败。

**（基督教）**

让你的老年过得像童年一般天真浪漫，让你的童年过得像老年一般沉着稳重，这意思也就是说：不要在你的智慧中夹杂傲慢，也不要使你的谦卑缺乏智慧的成分。

**（佛教）**

满招损，谦受益，时乃天道。

**（儒教）**

君子泰而不骄，小人骄而不泰。

**（儒教）**

亡国之主必自骄，必自智，必轻物。自骄则简士，自智则专独，轻物则无备。

**（儒教）**

**The voice of wisdom**

# 谦逊

谦者,众善之基;傲者,众恶之魁。

【儒教】

The voice of wisdom

吾在于天地之间，犹小石小木之在大山也，方存乎见少，又奚以自多。

（道教）

不自矜，故长。不自见，故明。不自是，故彰。不自伐，故有功。

（道教）

海不辞东流，大之至也；圣人并包天地，泽及天下，而不知其谁氏。

（道教）

任何谦逊的人，上帝将保佑他得到提高；任何自我提高的人，上帝将保佑

他谦逊。

（犹太教）

你们大家都要以谦卑为衣，彼此穿戴，因为上帝反对骄傲者，赐恩给谦卑者，因此，你们自己要在上帝万能的大手下面自谦自逊，这样时候一到，上帝就会使你们尊大。

（基督教）

德行宽裕，守之以恭者，荣。禄位尊盛，守之以卑者，贵。博闻强记，守之以浅者，智。聪明睿智，守之以愚者，哲。

（儒教）

谦者，众善之基；傲者，众恶之魁。

（儒教）

The voice of wisdom

# 嫉妒

嫉妒是骨中的腐烂物。

**【犹太教】**

The voice of wisdom

有些人愚蠢到如此地步：看到一个朋友走远，就心烦意乱，直至坐立不安，苦恼得要命，甚至连自己所拥有的好东西也不能使他高兴。

（犹太教）

嫉妒是骨中的腐烂物。

（犹太教）

哪里有忌恨，哪里有自私的野心存在，那里就混乱，就有邪恶。

（基督教）

烦恼杀死愚妄者,嫉妒杀死蠢笨的人。

**(基督教)**

如果我们靠圣灵而生,我们就也靠圣灵行走。不要骄傲自大,不要彼此烦恼,也不要相互忌恨。

**(基督教)**

世人得罪,其行有三:口言伤人,身行暴害,心专嫉妒。

**(佛教)**

人有喜庆,不可生妒忌心;人有祸患,不可生欣幸心。

**(儒教)**

明主尚贤使能而飨其盛,暗主妒贤畏能而灭其功。

**(儒教)**

The voice of wisdom

# 沉默

一个蠢人有了一个秘密,就像女人生孩子般痛苦。

【犹太教】

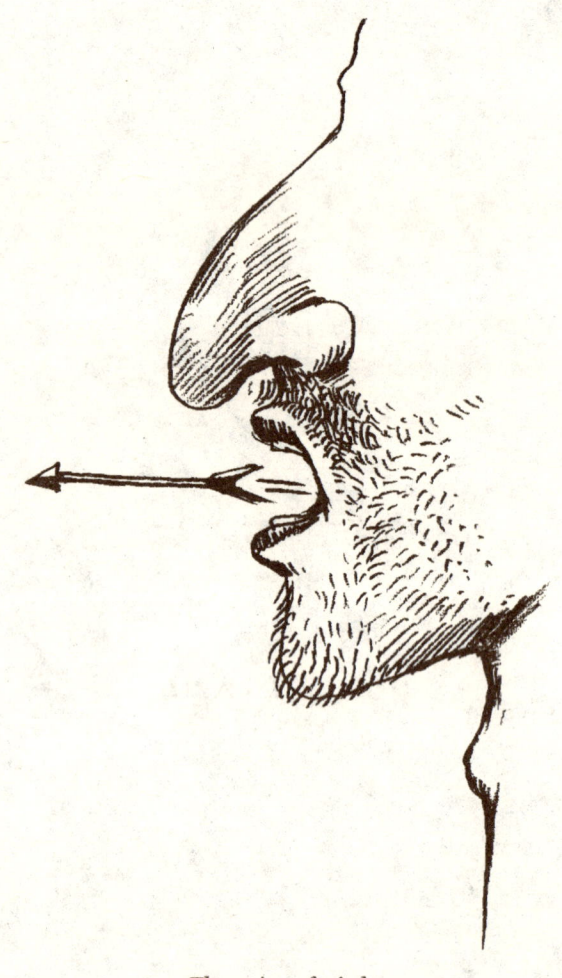

The voice of wisdom

一旦说了一句话，就像一把利箭，永远也不能收回。

(犹太教)

舌头是人类善和恶的根源。当它善的时候，没有比它更善的了；当它恶的时候，没有比它更恶的了。

(犹太教)

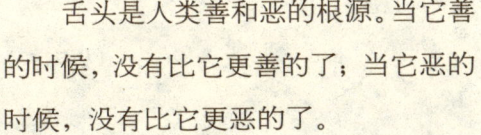

舌头能致人死地也能救人生还。

(犹太教)

多言少实，语无成事。

(道教)

知者不言，言者不知。

**（道教）**

狗不以善吠为良，人不以善言为贤，而况为大乎？

**（道教）**

不要说朋友和敌人的长短，除非沉默会使你成为同谋犯，决不要泄露一个人的秘密。

**（犹太教）**

一个蠢人有了一个秘密，就像女人生孩子般痛苦。

**（犹太教）**

智者深藏才学，愚人显露无知。
愚人恼羞成怒，智者忍辱负重。

**The voice of wisdom**

智者沉默寡言,慧者心平气和。

**(基督教)**

没有木柴,火就熄灭。
没有闲话,终止纷争。

**(基督教)**

出言不慎如利剑伤人,说话明智如济世良药。

**(基督教)**

搬弄是非的展露秘密,值得信任的深藏隐情。

**(基督教)**

蠢人默不作声就是智慧,他哑口无言就是聪明。

**(基督教)**

乱之所生也，则言语以为阶。

（儒教）

白圭之玷，尚可磨也；斯言之玷，不可为也。

（儒教）

君子之言寡而实，小人之言多而虚。

（儒教）

# 名誉

(耻辱)

好名声胜过珍贵的香水。

**【基督教】**

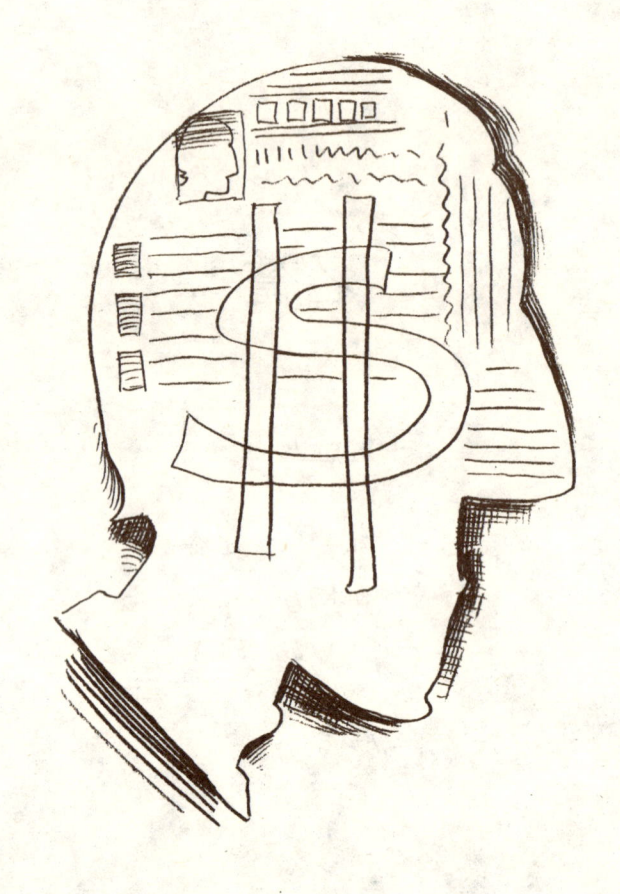

The voice of wisdom

名,公器也,不可多取。

(道教)

神人无光,圣人无名。

(道教)

举世而誉之而不加劝,举世而非之而不加沮;定乎内外之分,辨乎荣辱之境,斯已矣。

(道教)

名誉比财富宝贵,

人格比金钱可羡。

（基督教）

好名声胜过珍贵的香水。

（基督教）

小人朝为而夕求其成，坐施而立望其反。行一日之善，而求终身之誉。

（儒教）

圣人不求誉，不辟非，正身直行，众邪自息。

（儒教）

与其有誉于前，孰若无毁于其后。

（儒教）

大抵为名者，只是内不足；内足者，自是无意于名。

（儒教）

**The voice of wisdom**

争名者于朝,争利者于市。

(儒教)

圣人不高山,不广河,蒙耻辱以干世主,非以贪禄慕位,欲事天下之利,而除万民之害。

(道教)

圣人者,不耻身之贱,而愧道之不行;不忧命之短,而忧百姓之穷。

(道教)

见富贵而生谄容者,最可耻;遇贫穷而作骄态者,贱莫甚。

(儒教)

人之情,道德不如人,则不知耻;势位不如人,则耻之。贤者不与立,则不知耻;妾妇不为礼,则耻之。有不忍

小辱而蒙天下之大辱者,是又不可以不察也。

（儒教）

德比于上,故知耻;欲比于下,故知足。

（儒教）

有其德,无其位,君子安之;有其位,无其功,君子耻之。

（儒教）

君子耻其有服而无其容;耻其有容而无其辞;耻其有辞而无其德;耻其有德而无其行。

（儒教）

# 帮助

众之所助,虽弱必强;众之所去,虽大必亡。

【道教】

The voice of wisdom

有恒者，人舍之，天助之。

(道教)

举事以为人者，众助之；举事以自为者，众去之。

(道教)

众之所助，虽弱必强；众之所去，虽大必亡。

(道教)

提醒人们你曾为他们做过好事，乃是使人们产生怨恨的另一种形式。

(犹太教)

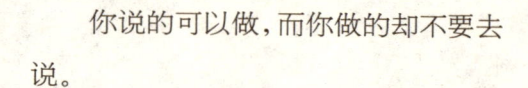

你说的可以做，而你做的却不要去说。

**（犹太教）**

上帝不拒绝完善的人，也不帮助邪恶者。

**（基督教）**

这就是达到自由和解脱的途径——帮助别人而不贪求名利和果报，不存伤害别人的意念，而且本着理智去做事。

**（佛教）**

要帮助苦难的人，要安慰烦恼的人，要救济有病的人。

**（佛教）**

The voice of wisdom

# 宽恕

宽恕别人但
绝不宽恕自身。

【神道教】

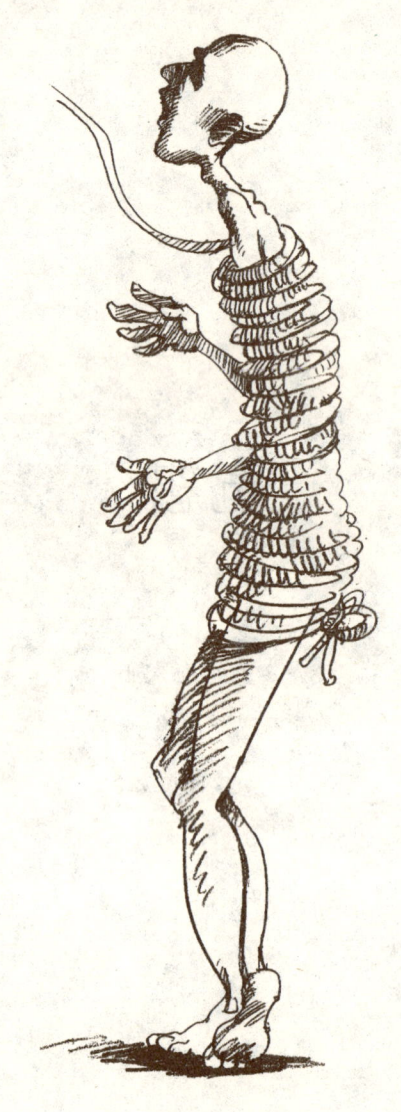

The voice of wisdom

不能容人者无亲,无亲者尽人。

**(道教)**

常宽容于物,不削于人,可谓至极。

**(道教)**

真主将降福于那些宽恕同胞的人。面对宽厚仁慈的真主,心灵真诚的悔罪者,将获得真主的宽恕!

**(伊斯兰教)**

对待别人像你想要得到别人宽待一样。宽恕和容忍那些伤害过你的人。

**(犹太教)**

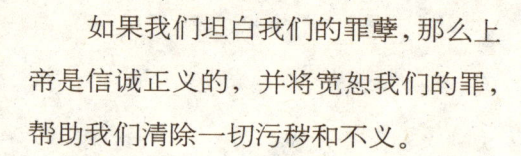

如果我们坦白我们的罪孽,那么上帝是信诚正义的,并将宽恕我们的罪,帮助我们清除一切污秽和不义。

（基督教）

恕者仁之本也,平者义之本也,恭者礼之本也,守者信之本也。

（儒教）

君子不先人以恶,不疑人以不信,不说人之过,成人之美,存往者,在来者。

（儒教）

君子不责人所不及,不强人所不能,不苦人所不好。

（儒教）

黄金有疵,白玉有瑕。

（儒教）

**The voice of wisdom**

宽容和忍耐的人，将可得到朋友、财产、名誉和长久的安乐。

**（佛教）**

忍是助道的增上缘，可使你早得解脱正果；忍像大海中的舟航，能够渡一切灾难；忍又是病者的良药，可救人生命之危。

**（佛教）**

如果坚决地抛弃罪行，神将饶恕犯罪者。

人类的宽恕是人类快乐之源，因而智者常常准备宽恕。

**（印度教）**

如果邪恶者抛弃他们的不道德行为，神将在任何时候宽恕他们，既往不咎。

**（耆那教）**

宽恕别人但绝不宽恕自身。

**（神道教）**

没有宽厚仁慈的精神，

毁灭了无数的人。

看哪！

全世界都是你的朋友，

快抛弃心中的恶念。

**（锡克教）**

# 诚实

## （守信）

用说谎的舌头得到的财宝就是漂浮的烟雾和死亡的陷阱。

【基督教】

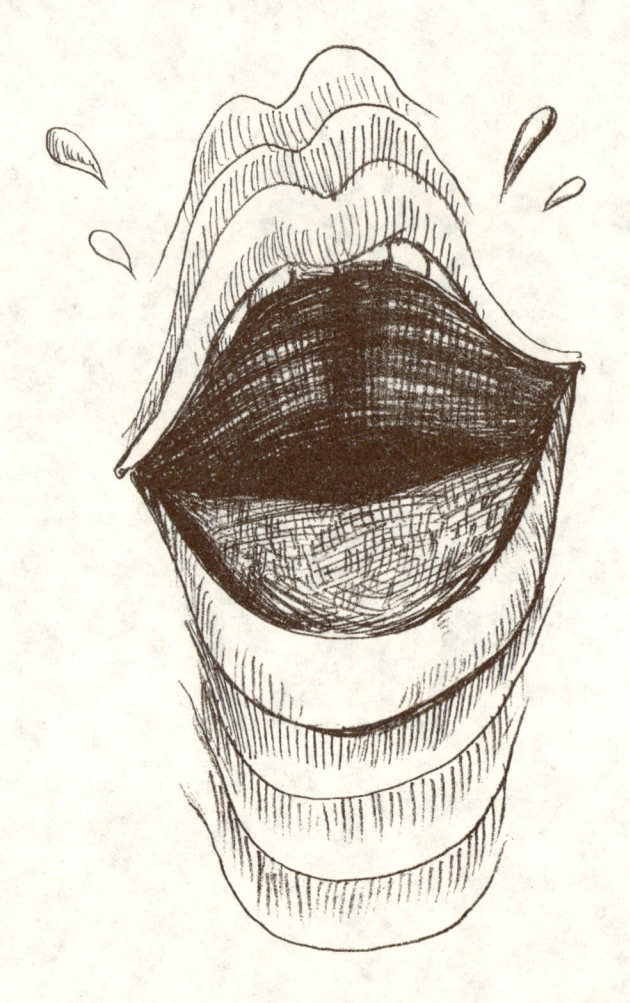

The voice of wisdom

忧于身者不恐于人,畏于己者不制于彼,顺于小者不惧于大,诚于近者不悔于远。

（道教）

诚信的人们啊!
你们应当对安拉而奉公克己,
应该秉公作证,
切不可由于怨恨某些人而失理偏激,
要公平,才接近于敬惧。

（伊斯兰教）

你不许在口袋里藏有大小不一的砝码,也不许在你的房间里藏有大小不一

的量度。

**（犹太教）**

以欺诈弄来的食物开始是甘甜的，但是到后来，他的口内必将充满砾石。

**（基督教）**

用说谎的舌头得到的财宝就是漂浮的烟雾和死亡的陷阱。

**（基督教）**

撒谎是罪恶的根源，它使一个人生活在不好的境界，嘴里出现臭味，他所说的话语，不为人喜欢，而且受别人的轻视。

**（佛教）**

人而无信，不知其可也。大车无輗，小车无軏，其何以行之哉？

（大意是：一个人不讲诚信是不行

的，就像大车小车，如果没有连接辕和前面横木的销钉，它还怎么能走呢？）

(儒教)

言忠信，行笃敬，虽蛮貊之邦，行矣。言不忠信，行不笃敬，虽州里，行乎哉？

(儒教)

神从不保佑那些不诚实、不真挚的人。

(印度教)

清晰的思想来自真挚热情的努力。只有真挚热诚的人才可能精通敬神的仪式。通过虔诚的举止，一个人得以升华。

(耆那教)

诚实是唯一联系神与人的美德。

(神道教)

假装信神无济于事,
虔诚乃是敬神的唯一根基。

**(锡克教)**

天行不信,不能成岁;地行不信,草木不大。

**(道教)**

履千险而不失其信,遇万折而不失其东。

**(道教)**

水倍源则川竭,人倍信则名不达。

**(儒教)**

自古以来,未有不信其言而能有大功者,亦未有不费少财而能收大利者也。

**(儒教)**

**The voice of wisdom**

有所许诺,纤毫必偿;有所期约,时刻不易,所谓信也。

(儒教)

# 勇敢

智不深非智,勇不沉非勇。深所以藏智,而出之使不测,沉所以养勇,而发之使必遂。

【儒教】

The voice of wisdom

明智者,知其力量所在而从不害怕;明智者,知其弱点所在,从不企图为力所不能之事。

**(佛教)**

勇于气者,小人也;勇于义者,君子也。

**(儒教)**

智不深非智,勇不沉非勇。深所以藏智,而出之使不测;沉所以养勇,而发之使必遂。

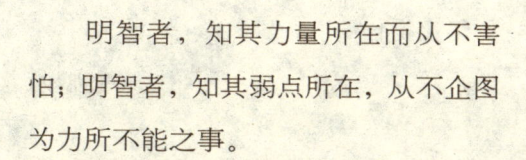

**(儒教)**

神是一切，一切是神。人类将因领悟此点而充满勇气，永不退缩。

（印度教）

一个人可以征服成千上万个顽强的敌人，但那没有任何真实意义；最大的胜利乃在于，在征服中通过不屈不挠的勇气赢得自身。

（耆那教）

勇敢者，
拥有力量而不自夸，
谦恭地生活；
勇敢者，
时刻为遭蹂躏者而战斗。

（锡克教）

The voice of wisdom

# 教育

善歌者,使人继其声,善教者,使人继其志。

【儒教】

The voice of wisdom

母牛哺乳的欲望比小牛吃奶的愿望更强烈。

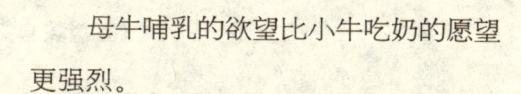

**（犹太教）**

有四种学生：

第一种：学得快也忘得快——他得失相抵；

第二种：学得吃力忘得慢——他失得相抵；

第三种：学得快却忘得慢——聪明的学生；

第四种：学得慢忘得快——这是命中不幸。

**（犹太教）**

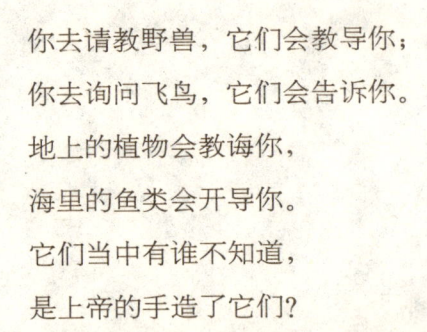

你去请教野兽，它们会教导你；
你去询问飞鸟，它们会告诉你。
地上的植物会教诲你，
海里的鱼类会开导你。
它们当中有谁不知道，
是上帝的手造了它们？

（基督教）

弟子敬奉师长，亦有五事：第一，师来时起立欢迎，善为承顺其意；第二，礼赞供养，恭敬受教；第三，尊重仰戴，不违其意；第四，师有教敕，敬顺无违；第五，从师明理，善持不忘。做师长的亦应以五事爱护弟子：第一，顺法调御，以受教导；第二，诲其未闻，增长知识；第三，随其所问，令善解义；第四，示其善友，乐于交游；第五，尽己所知，诲授不吝。师长弟子若均能如此，则彼方安稳，无诸忧畏烦恼之苦。

（佛教）

**The voice of wisdom**

玉不琢，不成器；人不学，不知道。是故古之王者，建国君民，教学为先。

(儒教)

水性虽能流，不导则不通；人性虽能智，不教则不达。

(儒教)

所谓教者，非徒诵读之谓也，大要使之识道理，顾廉耻，不作非法，不犯非礼。

(儒教)

爱其子而不教，犹豫为不受也；大要使之识道理，顾廉耻，不作非法，不犯非礼。

(儒教)

学贵得师，亦贵得友。师也者，犹

行路之有导也。友也者，犹涉险之有助也。

**（儒教）**

善歌者，使人继其声；善教者，使人继其志。

**（儒教）**

君子所以教者五：有如时雨化之者，有成德者，有达财者，有答问者，有私淑艾者。

**（儒教）**

# 学习

(知识)

为学,正如撑上水船,一篙不可放缓。为学,虽有聪明之资,必须做迟钝工夫,始得。

【儒教】

The voice of wisdom

不要说"我有空的时候会学习的"。也许你不会有空。

**（犹太教）**

学习以致精密，精密以致热忱，热忱以致清洁，清洁以致节制，节制以致纯净，纯净以致谦谨，谦谨以致避罪，避罪以致神圣，神圣以致神恩，神恩以致永生。

**（犹太教）**

圣贤的面前坐着的人有四类：海绵、漏斗、滤酒器和筛子。

海绵兼收并蓄，巨细良莠不分。

漏斗一孔进去，一孔出来。

滤酒器让美酒流过，保留了糟粕。

筛子筛去了麸皮，将精粉收集起来。

（犹太教）

不学习的人，宛如老牛，肉虽多，却没有智慧。

（佛教）

勿谓今日不学而有来日，勿谓今年不学而有来年。

（儒教）

器之不成，非斧刀绳尺之不利也，操之不习也；功之不成，非仁义礼智之无用也，学之不至也。

（儒教）

为学，正如撑上水船，一篙不可放

The voice of wisdom

缓。为学,虽有聪明之资,必须做迟钝工夫,始得。

(儒教)

如果你哭求知识,大声呼唤明哲,如果你追求它如同寻找金银,搜寻它如同查找隐藏的财宝,那么你就会明白敬畏耶和华,并得以认识上帝。因为主赐给人智慧,从他口里所发的都是知识和明达。

(基督教)

上帝若喜爱谁,就赐给他以智慧、知识和欢乐。

(基督教)

知不务多,而务审其所知;行不务多,而务审其所由;言不务多,而务审其所谓。

(儒教)

问与学，相辅而行者也，非学无以致疑，非问无以广识。

**（儒教）**

人之知识若登梯然，进一级则所见愈广。

**（儒教）**

物固莫不有长，莫不有短，人亦然。故善学者假人之长以补其短。

少而好学，如日出之阳；壮而好学，如日中之光；老而好学，如秉烛之光。

**（儒教）**

The voice of wisdom

# 才能

君子病无能焉，
不病人之不己知。

【儒教】

The voice of wisdom

将者,必独见独知。独见者,见人所不见也;独知者,知人所不知也。见人所不见,谓之明;知人所不知,谓之神。神明者,先胜者也。

(道教)

君子病无能焉,不病人之不己知。

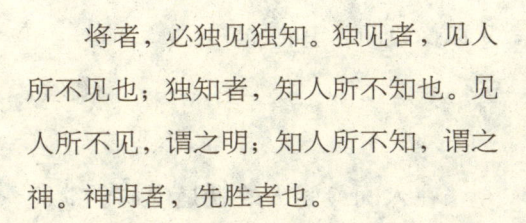

(儒教)

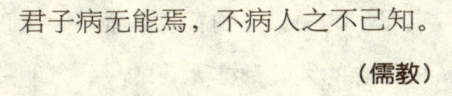

人之才性,各有短长,固难勉强,唯廉勤二字,人人可至。

(儒教)

天下之患，不患材之不众，患上之人不欲其众；不患士之不欲为，患上之人不使其为也。

(儒教)

贤，有德者，使之在位，则足以正君而善俗。能，有才者，使之在职，则足以修政而立事。

(儒教)

在人间最强大的就是烦恼色欲的力，最可怖畏的也是烦恼色欲的力，人要想战胜烦恼色欲的话，那就得要用诚实忍耐的弓，锐利智慧的箭，头戴正思和正念的盔，身披无我的甲，方能战胜烦恼色欲的世间。

(佛教)

The voice of wisdom

# 智慧

对聪明人来说,一次教训比愚人受一百次鞭笞还深刻。

【犹太教】

The voice of wisdom

水下流而广大,君下臣而聪明。

(道教)

你诵读吧,你的主最尊贵!
他叫人使用笔杆,
他传授人类以原先不懂的智慧。
不然,人总是会犯罪,
——只因他自以为富足完美。

(伊斯兰教)

谁是智者?智者是向所有人学习的人。

(犹太教)

对聪明人来说,一次教训比愚人受一百次鞭答还深刻。

（犹太教）

一个向年轻人学习的人是什么样的人呢?他是一个吃生葡萄,喝新酒的人。
一个向老人学习的人,又会是怎样的人呢? 他是一个吃熟葡萄,喝陈酿酒的人。

（犹太教）

人类的智慧凝于笔尖,
诗文篇篇闪耀着思想的光芒。
你手中的笔不过五寸,
威力可比国王的权杖。

（犹太教）

智慧有何处可寻?
深渊说,不在我内。

**The voice of wisdom**

沧海说，不在我中。

智慧非用黄金所得，

……

神明白智慧的通路，

晓得智慧的所在，

因他鉴察直到地极，

遍观普天之下。

……

他对人说：

敬畏主是智慧，

远离恶便是聪明。

**（犹太教）**

聪明的人不奢望未来，也不追悔过去。

**（佛教）**

聪明的人时常清除内心的污垢，就如同工匠清理银矿中的杂质。

聪明的人不为赞誉和毁谤所动摇，

如同坚硬的岩石不被风所动摇。

**（佛教）**

聪明秀出谓之英，胆力过人谓之雄。

**（儒教）**

智者不逆天，亦不逆时，亦不逆人也。

**（儒教）**

子曰：暴虎冯河，死而无悔者，吾不与也。必也临事而惧，好谋而成者也。
（大意是：孔子说，徒手与老虎搏斗，徒步涉水过河，死了也不后悔的人，我是不和他共事的。我要找的，一定是临事小心谨慎，认真谋划而能成功的人。）

**（儒教）**

The voice of wisdom

追求知识,
就像寻找银子一样热心;
寻求领悟,
要像搜索宝藏一样认真。

**(基督教)**

# 家庭

尊敬你的长辈,

生活在亲友中,

如同荷花,

植根于土壤。

**【锡克教】**

The voice of wisdom

祈祷应该占据家庭。在家庭中,父母和孩子在任何时候都应该侍奉真主。家庭是一个整体,并且它应该作为一个整体而接近真主。在这里,对父母的善意占据着孩子们的心灵,孩子们应该在所有的宗教活动中得到正确的培养。

(伊斯兰教)

家庭应该是一个神圣的地方。在这里,所有的成员都为上帝服务;在这里,赞美和敬重上帝君临一切。坚持正义原则的家庭能够立足于社会,而从这样家庭走出的孩子将获得成功和接受丰厚的报酬。

(犹太教)

尽孝勿辞劳，转眼便为人父母；
行仁休望报，回头且看你子孙。

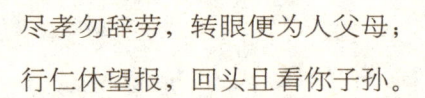

**（佛教）**

家庭，充满了爱和关怀，应是整个世界的典范。在任何时候，爱意、融洽、尊敬都应充满家庭。教顺，始于家庭，延及国家，便成忠君。

**（儒教）**

子孙是老人的冠冕，父亲是儿子的荣耀。

**（基督教）**

家庭的最高法律是成员之间的相互忠诚。妻子应该贞节，孩子应该服从，父亲则要体贴和勤恳。从这里会产生最完美的家庭。

**（印度教）**

**The voice of wisdom**

家庭中应弥漫着爱和尊重。家庭中每一个人都具有相同的灵魂。为这灵魂,这家族可敬,可爱。忠实、真诚、信任是夫妻关系的最基本特征。

（印度教）

长大成人,独当一面的子女,应该赡养其父母。尽管家庭成员应该共同劳动,互相帮助,但是每个人都必须为自身的行为负责。按照他的行为,他将受到神的审判,此时他的家族对他毫无帮助。

（耆那教）

当孩子们有能力和父母需要他们的时候,孩子们应该供养他们的爸爸和妈妈。但是,在宗教事务上,人们只能依靠自己。

（耆那教）

孩子，你为什么与你父争吵，

没有他，你岂能长大？

同你父争吵，

多么愚蠢。

尊敬你的长辈，生活在亲友中，

如同荷花，

植根于土壤。

（锡克教）

家庭应该是一个充满服从、和平、爱恋、慷慨、谦恭、诚实和正义的地方。在这里孩子们应该尊敬他们的父母。这样的家庭将走向美满、理解、繁盛和光荣。

（拜火教）

服从、宁静、博爱、谦让、真诚和正直是家族之魂，孩子们应永远尊敬父母。

（拜火教）

The voice of wisdom

# 正义

看见正义而不敢去做是怯懦之举。黑暗之神会讪笑你,光明之神不会饶恕你。

**【拜火教】**

The voice of wisdom

其身正者,不令而行;其身不正,虽令不从。

(道教)

明王之用兵也,为天下除害,而与万民共享其利。民之为用,犹子之为父,弟之为兄,威之所加,若崩山决塘,敌孰敢挡。

(道教)

不要玩忽正义,因为它是世界的三大支柱之一。

为什么呢?

因为我们的贤哲们说:"整个世界

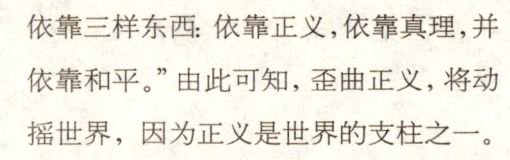

依靠三样东西：依靠正义，依靠真理，并依靠和平。"由此可知，歪曲正义，将动摇世界，因为正义是世界的支柱之一。

**（犹太教）**

正义的效果是和平，正义的成果是永远的平安与依赖。

**（基督教）**

君子崇人之德，扬人之美，非谄谀也；正义直指，举人之过，非毁疵也。

**（儒教）**

伤害虔诚者的人落入他自己的陷阱。这是神的正义。

**（印度教）**

神啊，
不要让我偏离了正义之路。
我曾屹然不动于他人的恐吓，

也能漫不经心于眼前的生命之厄或者千年至福的诱惑。

于贫穷和富裕间，

保持我的镇定如恒。

**（耆那教）**

正义必将战胜非正义。如果一个人允下诺言，即使它是在不正当的情况下做出的，他也应该公正地履行它。在任何时候人都应该公正地思考和行事。

**（神道教）**

我们的行为，

正确的和错误的，

都将在你的法庭上受到审判；

一些人的座位靠近你的座位，

一些人则坐在离你远远的地方；

辛劳的人们已经结束了辛苦，

他们一直崇拜你；

噢，那纳克，

他们的脸上闪耀着快乐的光彩,
他们许多人获得了自由。
噢,那纳克,
我们无法获救,
如果你根据我们的行为审判;
原谅我们吧,
噢,你,我们所有人的宽佑者,
带领我们穿过这生命的海洋吧。

**(锡克教)**

看见正义而不敢去做是怯懦之举。黑暗之神会讪笑你,光明之神不会饶恕你。

**(拜火教)**

**The voice of wisdom**

# 战争

兵不可玩,玩则无威;兵不可废,废则招寇。

【儒教】

The voice of wisdom

夫兵者，不祥之器，物或恶之，故有道者不处。

（道教）

大军过后，必有凶年。

（道教）

兵者，所以讨暴，非所以为暴也。

（道教）

所有的人都渴望和平。如果发生战争，穆斯林将设法重建和平。和平是真主规定的，人间不可能有不危及世界安定的战争。

（伊斯兰教）

天下虽兴，好战必亡；天下虽安，忘战必危。

（儒教）

兵不可玩，玩则无威；兵不可废，废则招寇。

（儒教）

战有四：有道战，有德战，有谋战，有力战。道战以心，德战以政，谋战以智，力战以卒。

（儒教）

见贤者不及，从谏如顺流，宽而能刚，勇而多计，此之为大将。仁爱治于下，信义服邻国，上知天文，中察人事，下识地理，四海之内，视如室家，此天下之将。

（儒教）

**The voice of wisdom**

故意伤害任何生灵都是罪过。和平，而不是战争，是理想的境界，应为所有真正的信徒所追求。

**（佛教）**

你们应该铸剑为犁，锻矛为修枝剪；圣人们说：一个国家或民族不应以另一个国家或民族为敌；他们应该永不再知战争。

**（犹太教）**

纠纷的调解人，而不是战争的制造者，会得到祝福和保佑。拔出刀剑者必死于刀剑之下。战争是通向毁灭的路，而和平却引向幸福和繁荣。

**（基督教）**

消灭任何生物是错误的。智者通常力图避免争吵，与人和谐相处。人间生

活的理想是和平而不是战争。没有人可以用战争来寻求权力。

**(印度教)**

不论什么时候,也不论凭什么理由,都不该杀生。智者不管花费多大代价,也要与所有的人和睦相处。一切战争都应被谴责。

**(耆那教)**

当所有诉诸和平的努力被证明是徒劳,
 和谈已不必提到,
 钢铁的闪光便会出现,
 那是致命的刀剑的喊叫。

**(锡克教)**

战争是一个人对另一个人作恶的最大罪行。

**(拜火教)**

**The voice of wisdom**

# 和平

一切正义的果实都是促进和平进步的人播种的。

【基督教】

The voice of wisdom

天之道利而不害，圣人之道为而不争。

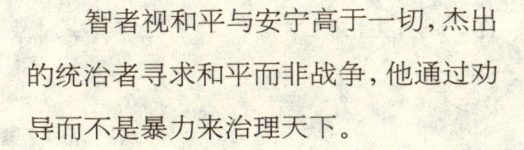

(道教)

智者视和平与安宁高于一切，杰出的统治者寻求和平而非战争，他通过劝导而不是暴力来治理天下。

(道教)

你们要全体紧拉住安拉的准绳，
你们切不可分离！
你们要铭记安拉施予你们的恩裕。
你们本来是仇敌，
他让你们心有灵犀，紧密联系，

你们因他的恩泽而成兄弟。

**（伊斯兰教）**

真主引导人们走向和平。如果人们追随他，他将把人们从战争的黑暗中引到和平的阳光下。

**（伊斯兰教）**

犹太人期望着和平君临世界的理想时代。上帝要求和平，鼓励人为和平工作，和平生活为幸福和繁荣提供了最大的机会。

**（犹太教）**

他要解决民族纠纷，
调停列强争端。
他要把刀剑铸成犁头，
把枪矛打成镰刀。
国际间不再有战争，
国家间不再有军备，

**The voice of wisdom**

人人都在葡萄园中，

无花果树下，享受和平，

没有人使他们害怕。

上帝，万军的统帅这样说。

**（基督教）**

一切正义的果实都是促进和平进步的人播种的。

**（基督教）**

如果你要想找到幸福和平安，你必须寻求和平。和平精神将与智慧成为一体。神是和平之神，期望所有人的和平。

**（印度教）**

通达开明的意愿将使和平成为生活的基础。所有的人都应与他们的同胞和睦相处，这是神的期望。

**（耆那教）**

在神的庇护下，人们将生活在和平之中，地球上不再有纷扰。

（神道教）

真正的神是我的支撑，
像饮食维系着生命；
正是它解除了我灵魂的饥渴，
浸透了我的脑海，
安慰我所有的热望，
赐给我幸福和安静。

（锡克教）

所有的男人和女人都应互敬互爱，像兄弟姐妹一样和平相处，被人性这牢不可破的手紧紧连在一起。

（拜火教）

**The voice of wisdom**

# 忏悔

## （自省）

在忏悔者站立过的地方，连最正直的人也羞于立足于其上。

【犹太教】

The voice of wisdom

人类伟大的辩护者是：忏悔和善行。

（犹太教）

教士艾黎扎说："在死亡之前的某一天忏悔。"他的门徒问："人们怎么会知道自己死亡的日期？""所以更有理由今天就忏悔，"教士艾黎扎说，"以防你明天就死去，所以一个人的整个一生都应该在忏悔中度过。"

（犹太教）

在忏悔者站立过的地方，连最正直的人也羞于立足于其上。

（犹太教）

改之者，过虽在人如在己，不忘自讼；共悦者，善虽在己，盖取诸人而为，必以与人焉。

（儒教）

君子之过也，如日月之食焉；过也，人皆见之；更也，人皆仰之。

（儒教）

有智慧的人，但是不敢造罪，就是不慎造罪，以后也知道忏悔；愚痴的人，他是造罪不改，以及造罪覆藏。若能到佛陀座前告白忏悔，表明不敢再犯，佛陀的慈悲之光，一定会庇佑到他。

（佛教）

忏悔就能得救，忏悔能消除过去的罪业。太阳的光明照护一切，泥水进入大海就能变为清净，大地吸收粪尿能成

净水。你不要挂念,只要你能改过自新。

(佛教)

所有的人都背负着原罪。因此,他们应该忏悔,悔改他们的罪恶,以求得上帝的宽恕。上帝通常是准备原谅那些真心忏悔的人们的。

(基督教)

不论何时有了过错,都应悔过,热切地恳求神的宽恕和慈悲。如果做到这一点,神会很快原谅他并赶走他身上邪恶的魔鬼。

(印度教)

悔过自新和劝人为善是令人高兴的。如果一个人只为现世活着,而不想未来,最终也会悔之莫及。

(耆那教)

戒除罪行有赖于善举，
忏悔吧，
如果你有罪责。

（锡克教）

如果一个人能忏悔他所犯下的罪过，并痛改前非，他将被饶恕。先知哲人的目标在于从忏悔者自身驱走邪恶。

（拜火教）

审己无善而获誉者不详；省躬无疵而获谤者何伤。

（道教）

贤者能自反，则无往而不善；不贤者不能自反，为人子则多怨，为人父则多暴。

（儒教）

见人恶，即内省；有则改，无加警。

（儒教）

The voice of wisdom

# 思考

致思如掘井,初有浑水,久后便引动得清者出来。人思虑,始皆混浊,久自明快。

【儒教】

The voice of wisdom

治思带来宁静，宁静让你参透整个世界。

（道教）

诚信的人们啊！

如果有一个坏人来向你们报告消息，

你们应该分辨仔细，

以免你们无意中伤害了一批人，

致使你们对自己的行动追悔莫及。

（伊斯兰教）

默想启迪心智。无论何时，一个人都应感到上帝无处不在而默默祈祷。这是快乐的,因为它会给你带来巨大的幸福和心灵的安静。默想上帝的戒律是所有教徒的义务和责任。

(犹太教)

对人生高尚事情的思索导致伟大。一个人要想成为伟人,他必须默祷一切善举。所有的美德都会为我们对这些美德的反思而加强、巩固。这也是一条澄清物性之路。

(基督教)

学而不思则惘,思而不学则殆。

(儒教)

君子有九思:视思明,听思聪,色思温,貌思恭,言思忠,事思敬,疑思问,忿思难,见得思义。

(儒教)

The voice of wisdom

致思如掘井，初有浑水，久后便引动得清者出来。人思虑，始皆混浊，久自明快。

（儒教）

伟大是感知神之存在的酬劳。在沉思反省中磨砺自己灵魂的人将能深入到真理的精髓，发现伟大的精神财富。

（佛教）

那些从不默想的人，既不会有稳定也不会有安静。伟人和智者经常去思考人性中崇高的一面。这是力量的源泉，是了解上帝的途径。

（印度教）

感知神的存在是获得灵魂安静的必由之路。即使一个人横遭摧残，也必须遵从静静默想的戒律。

（耆那教）

不像花朵散发芳香,
也如镜子必有反光,
同样的,上帝就在这儿,
哦,兄弟,在你心中去寻找它吧!

**(锡克教)**

忠心遵从神的旨意与安排行事,日夜苦思冥想,然后,你逐渐净化你的灵魂。

**(拜火教)**

**The voice of wisdom**

# 服从

其身正,不令则行;其身不正,虽令不从。

**【儒教】**

The voice of wisdom

力强者人析之，智强者人害之，势强者人谋之，气强者人制之，德强者人服之。

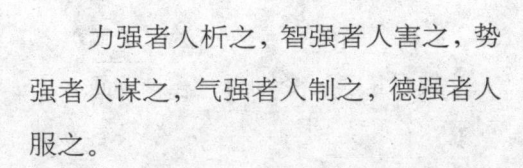

**（道教）**

因天之生也以养生，谓之文；因天之杀也以伐死，谓之武。文武并行，则天下从矣。

**（道教）**

教之以道导之以德而不听，则临之以威武；临之以威武而不从，则制之以兵革。

**（道教）**

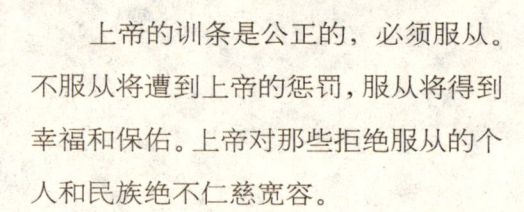

上帝的训条是公正的,必须服从。不服从将遭到上帝的惩罚,服从将得到幸福和保佑。上帝对那些拒绝服从的个人和民族绝不仁慈宽容。

(犹太教)

其身正,不令则行;其身不正,虽令不从。

(儒教)

举直错诸枉,则民服;举枉错诸直,则民不服。

(儒教)

众不附者,仁不足也;附而不治者,义不足也。

(儒教)

顺从戒律并勤勉地按照戒律去做,

The voice of wisdom

将得到灵魂的安宁、欣慰和顺遂。服从是拯救生命之途。

**（佛教）**

从天道而行之以获上天之宠。坚行天道，服从天意者，将超于众人，其乐无穷。

**（佛教）**

聆听并遵从真主教导的人将万事如意。真主的戒律是为了让人们阅读和服从而制定，对于拒绝服从的惩罚是严厉的。

**（伊斯兰教）**

神的戒律是不朽的、崇高的和深奥的。服从它会幸福，死后将体验到无与伦比的快乐。

**（印度教）**

愚者拒不服从戒律，死神降临才追悔莫及。人类创造出来正是为了应验神的法则和戒律。敬神的智者是服从神的训令的。

**（耆那教）**

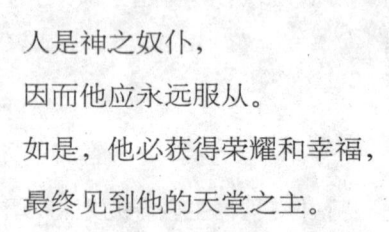

人是神之奴仆，
因而他应永远服从。
如是，他必获得荣耀和幸福，
最终见到他的天堂之主。

**（锡克教）**

神是圣明的。其旨意是追随者的福音，其训令应被遵守。他将永生赐予服从者。

**（拜火教）**

The voice of wisdom

# 引导

如果瞎子领着瞎子,两个人都会掉进坑里。

【基督教】

The voice of wisdom

信赖佛祖,他将引导你踏入征途。抱定这种信心的人将无所畏惧。被佛祖引导,你将获得理想的宁静和平和完善的幸福。

(佛教)

上天与善良者同在,上天将引导好人走上正道,因为好人从不畏惧。

上天永远正确,毫不犹豫地遵从上天的意志,最终将获得成功。

(儒教)

信赖上帝,他将引导你通过死亡的

阴影，在你面对敌人时保护你。

(犹太教)

如果瞎子领着瞎子，两个人都会掉进坑里。

(基督教)

从根上长出树干，从树干上长出树枝，从树枝上长出细枝和树叶，然后才能开花结果，流出果汁。服从神的引导是宗教的基础(像树的基础一样)，通过这种引导人们将获得永生和持久的和平。

(耆那教)

我们必须永远信赖神——人类的保护者和引导者，从不动摇。神最具威力，依赖神的引导，永不失败。

(拜火教)

The voice of wisdom

# 奉献

(施舍)

不抱任何同情心的施舍就如同在荒凉的沙漠上播种。

【耆那教】

The voice of wisdom

乐善好施是智者的本质。贵族必须清楚善是最基本的人性,对穷苦人应该慷慨大方。

(儒教)

把自己占有的一切奉献给一无所有者。穷人应常常获得帮助,向穷人奉献就是敬爱上帝。不乐于施舍者,在他贫穷时,将得不到上帝和别人的帮助。

(犹太教)

善良、虔诚之人乐于施舍,他们将得到来自真主的报酬,真主喜欢勇于奉

献者。

（伊斯兰教）

人们应该帮助贫困交加的穷人而不思回报。过一种俭朴的生活，慷慨地援助穷人。

（道教）

服务社会有四项原则：慷慨施舍，体贴的言谈，互相合作，行为合乎时节而且彬彬有礼。这四项原则宛如车子的轴，能使车轮转动。

（佛教）

慷慨施舍是一种美德。好人与智者乐意和别人分享他的一切，奉献即自救，他将以此拯救他自身。

（佛教）

奉献给他人不索求一切，对贫困者

的施舍应是给上帝的奉献。

（基督教）

乐善好施是获得安全和快乐之道，奉献胜过索取。

（印度教）

奉献者将从敌方那儿得到朋友和保护，聪明人常常与别人分享自己的一切。

（印度教）

不抱任何同情心的施舍就如同在荒凉的沙漠上播种。

（耆那教）

对所有的生物，无论是人类还是动物，都应该慷慨施舍。慷慨大方的施舍将得到回报，延年益寿。

（神道教）

乐于奉献者,来世将得到保护,慷慨大方,值得颂扬。

**(锡克教)**

圣徒如果慷慨大方,他的追随者将起而效之。

**(拜火教)**

帮助穷人是给神增添荣光,使神荣耀。

**(拜火教)**

**The voice of wisdom**

# 信仰

信仰比视力更加清晰。

【犹太教】

The voice of wisdom

圣人信道不信身，顺道不顺心，动不为己，先以为人。

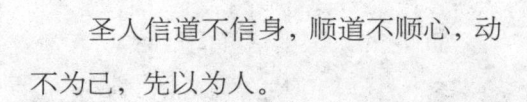

(道教)

内有一定之操，而外能屈伸、赢缩、卷舒，与物推移，故万举而不陷。

(道教)

信仰不坚莫如根本不信。神以忠实报答忠实，以不忠回报不忠。

(道教)

人应该信仰真主，因为真主从来不

辜负信仰者。但是真主对不忠实的人没有耐心。

(伊斯兰教)

信仰比视力更加清晰。

(犹太教)

正直的人因其信仰而活着。

(犹太教)

信仰是必要的,但是它必须伴随德行。一个富有信仰的人即在赴死之时也能领受生命的荣耀。虔信者的要求将被接受。信仰是充分理解的基石。

(基督教)

信仰对于有德行的生活是绝对必要的。一个人的信仰不会没有报偿。幸福随于信仰之后。

(佛教)

**The voice of wisdom**

古之君子,守道以立名,修身以俟时;不为穷变节,不为贱易志;惟仁之处,惟义之行。

(儒教)

缺乏信仰的人与成功无缘。人必须在任何时候都坚持信仰。上天对人的信仰要求极高,但是上天与那些坚持信仰,从不动摇的人在一起。

(儒教)

信仰是通向智慧的路。倾心渴求,信仰应会到来。神的绝大多数奖赏给了那些有信仰的人。

(印度教)

有信仰的人已经走上了正确的道路。他应该时时实践自己的信仰。

(耆那教)

哪怕丝毫的怀疑也是背离人性的。信仰是人类生存的基石。

(神道教)

美好的生活，
永生的命运，
是虔信者的酬金。
聪明的信徒，
主动清除信仰中所有的邪念。

(锡克教)

那些信仰神的人，他们的心灵能体会到更高级的意识，能领悟到所有的内在良知。

(拜火教)

The voice of wisdom

# 报答

(报应)

乐园将对敬畏者
缩短距离,
　　火狱将对邪恶者
陈列开启。

　　【伊斯兰教】

The voice of wisdom

曲己全人，人必全之。

（道教）

把自己的资财用于安拉之道的人，
有如一粒种子生长七穗，
每穗又有百粒可收，
安拉加倍地报偿他所愿意的人，
安拉广慈宽恩，明察细审。

（伊斯兰教）

乐园将对敬畏者缩短距离，
火狱将对邪恶者陈列开启。

（伊斯兰教）

行善者将获得更好的赐福,

那时,他们将安然地免于恐怖。

为恶的人将匍匐掩面,被投入火窟,

他们的所为已得到相应的报应。

(伊斯兰教)

恶人徒劳无功。

义人必得奖赏。

恶人难逃祸患。

义人必得善报。

(基督教)

枝无望其根,德无忘其报。

(儒教)

布施者得福,慈心者无怨,

为善者销恶,离欲者无恼。

(佛教)

The voice of wisdom

# 永生

(死亡)

死亡并不是一种失败,而是一种总结,一种到达,一个终结。

【犹太教】

The voice of wisdom

死宛如回家。善良贤明之人不会受到丝毫伤害——尽管作为肉体的他们已经死去。

**(道教)**

尘土复归尘土，而神性，神对人的投资，回归生命的摇篮。死亡并不是一种失败，而是一种总结，一种到达，一个终结。

**(犹太教)**

善良和贤明的人于来生找到幸福。罪恶的、没有头脑的人永受轮回之苦。天堂是为好人准备的一个幸福极乐的世界，在这儿，一个过着真诚明智生活的人准会得到他的报酬。

(佛教)

灵魂为了使自己获得一个全新的更加美丽的身躯而毁灭尘世的肉体。贤明的人将得到永生。死亡使人脱去人间的俗衣，换上永生的华服。善良正直的人将获得永生。

(印度教)

人间过去有来世。罪人将下地狱，好人会升天堂。在天堂里灵魂得以完善。

(耆那教)

好人死去像是回家，
他没有死，
只是获得了永生。
天堂是圣徒之家。

(锡克教)

The voice of wisdom

正直的人将在来世过上幸福的生活,而罪恶的人将坠入无边苦海。光明之神在来世接受他的信徒。

**(拜火教)**

老不足叹,可叹是老而虚生;死不足悲,可悲的是死而无补。

**(儒教)**

明眼无过慧。黑暗不过痴。
病不过怨家。大怖无过死。

**(佛教)**

当一个人出生时,每个人都庆贺;当一个人死亡时,每个人都哭喊。但是也许没有必要这样。当一个人出生时,不应该为他欢呼,因为没有人知道他会遇上什么事及他会变成什么样——会变成虔诚的人还是败德的人,他是好还是

坏。当一个人死亡时，倒是有理由欢呼，如果他有一个好名声并且安宁地离开了世界。

**（犹太教）**

死亡不必恐怖，当生的时候就注定有死，所恐怖的是对于死有没有把握。

死亡是证明生存过的最根本的基础，能够生存就意味着最终不得不死亡。

**（犹太教）**

The voice of wisdom

# 行为

践行其言而人不信者,有矣;未有不践言而人信之者。

【儒教】

The voice of wisdom

德荡者其行伪。

（道教）

人之动作，不顺于道者，道不佑也；不顺于德者，德不助也；不顺于天者，天不覆也；不顺于地者，地不载也。

（道教）

谁行过一微之善，有赏可见；
谁作出一尘之恶，必见惩办。

（伊斯兰教）

假如一个正直的人的行为被证明是正确而公正的，假如他没有委屈过任何人；假如他把债务的典押品如数退还而不索取什么；假如他从未放过高利贷进行盘剥；假如他远离恶行仗义执言；假如他遵循圣法圣规，诚实敦厚——那么，他就是一个正直的人。上帝宣称：这种人会长寿。

**（犹太教）**

只说好话而没有实行是毫无结果的，这好比一朵美丽的花，徒具颜色而没有芳香。

**（佛教）**

见善如不及，见不善如探汤。（汤：沸水。）

**（佛教）**

The voice of wisdom

道虽迩，不行不至；事虽小，不为不成。

（儒教）

水有原本，不已渐进以至于海；如人有实行，则亦不已渐进以至于极也。

（儒教）

践行其言而人不信者，有矣；未有不践言而人信之者。

（儒教）

做好事的人将成为好人，干坏事的人沦为恶棍。因此，在任何时候，人都应该做好事。

（印度教）

好人以自己的行为带动别人。每天度过了就永远不会再回来。你永远不能唤回一日去补做那没有做的善举，所以一直行善吧。

(耆那教)

神记着人的每一个行为。
通过做好事,
在神的眼里你会成为好人。
神是一切善行之源。

(锡克教)

通过善行我们能成为贤者。保持健康以行善事在任何时候都是重要的。

(拜火教)

The voice of wisdom

# 义务

履行义务之径近在身边,人们却向遥远的地方寻找它。

【神道教】

The voice of wisdom

取道中和之路是人的义务。他应该避免所有的偏激。秉承此法,他对人、对上天完成了自己的义务。

**(道教)**

履行你的义务永远不要迟疑。人的义务是神的意志,不履行就是违抗神。人通过他的义务达到完美。

**(印度教)**

聪明人发现自己的义务,不惜代价实践之。所有生命的义务是公平的,切戒伤害任何生物。

**(耆那教)**

履行义务之径近在身边，人们却向遥远的地方寻找它。

**（神道教）**

他是一个节制自己感官欲望的孤独的户主，

他向神乞求沉思、苦行和自制，

并且以仁慈之怀贡献他的整个身躯。

**（锡克教）**

不管父亲已经做过多少善行，儿子仍须尽量多地履行自己的责任和义务。父善不荫子。

**（拜火教）**

The voice of wisdom

# 友谊

与邪佞人交,如雪入墨池,虽融为水,其色愈污;与端方人处,如炭入熏炉,虽化为灰,其香不灭。

【儒教】

The voice of wisdom

可与往者与之，至于妙道；不可与往者，不知其道，慎勿与之，身乃无咎。

（道教）

与邪恶者为伍，等于把自己交给了魔鬼。远离做坏事的人，寻求善良的有德者，与他们为友来拯救你自己。

（伊斯兰教）

一个忠实的朋友是一个安全的庇护所，谁找到这样的朋友，谁就找到了财富。

（犹太教）

君子先择而后交，小人先交而后择，故君子寡尤，小人多怨。

(儒教)

与邪佞人交，如雪入墨池，虽融为水，其色愈污；与端方人处，如炭入熏炉，虽化为灰，其香不灭。

(儒教)

益者三友，损者三友。友直，友谅，友多闻，益矣。友便辟，友善柔，友便佞，损矣。

(儒教)

有四种益友可亲：

一、见非即来劝止；

二、有同情慈愍心；

三、乐于帮助他人；

四、苦乐皆不相弃。

要用聪明的慧根，去认识这四种益

The voice of wisdom

友，和他们相交，人格自会提高。

（佛教）

朋友须从聪明睿智、心地善良的人中选择。与邪恶者为伍，将使你堕落腐化；与直言相谏者为友，将使你得到你所需要的忠告。

（佛教）

所有的生物具有同样的灵魂，万物有灵。一个人如果相信，就应把万物当成朋友、情人。爱所有生物，使你永不孤独、寂寞。

（印度教）

对任何人都应公正和不怀偏见，永远像兄弟一样对待任何人。对待所有动物也应像对待人一样，因为它们也是我们的同胞。

（耆那教）

不要让那恶的伙伴哄骗你自己。与那些对动物与人都一视同仁关怀照顾的人交朋友。

**（耆那教）**

上天为父，大地为母。因此天地间所有的人都是兄弟，像兄弟一样居住，如此生活，国家将没有憎恨和悲伤。

**（神道教）**

品德高尚者将把美德散播四海，以这样的人为友非常幸运，有助于他积德行善，升入天堂。

**（拜火教）**

人的朋友应是圣者，圣者将神之光带给他所有的朋友。

**（拜火教）**

The voice of wisdom

# 财富

以不正当的手段发财的人,
像一只鸟孵了不是自己下的蛋。
中年失财富,
老年变傻瓜。

**【基督教】**

The voice of wisdom

君子者，易亲而难狎，畏祸而难却，嗜利而不为非，时动而不苟作。

(道教)

与物同求而不贪，与物同得而不积，不贪故无忧，不积故无失。

(道教)

一人知俭则一家富，王者知俭则天下富。

(道教)

逞荣赛富，曾使你们贻误，

直至你们探游坟墓。

**（伊斯兰教）**

财富应永远用于真主的事业。在邪恶行径中挥霍其财富的人应受天谴。不能允许财富把真主的仆人变成主人。

**（伊斯兰教）**

财富不值得信任，因为它是转瞬即逝的，并可能引起极大的邪恶和灾难。一个正直人的贫穷比一个罪犯的财富更值得赞赏。如果一个人拥有了财富，他应把它用于行善而不是作恶。

**（犹太教）**

当一个人以他最大的能量，最细心的计划一心致力于捞取庸俗的好处，而且又企图以最有限的能力去促使这些好处发展时，他应该考虑一下自己的灵魂。

**The voice of wisdom**

以后他会发现他对于那些世俗杂事的想法是他思想的最高点,而且在那方面的希望是他最崇高的希望,以至于没有任何一种财富能满足他的要求。他就像一团火,要想烧得更旺些,就得加些柴火。所以,他的整个身心都被那些世俗的爱好日日夜夜缠绕着。

**(犹太教)**

以不正当的手段发财的人,
像一只鸟孵了不是自己下的蛋。
中年失财富,
老年变傻瓜。

**(基督教)**

如果你们用世俗的金钱交朋友,当金钱用完的时候,他们会送你们回到永久的家乡。

**(基督教)**

先义而后利者荣,先利而后义者辱。

**(儒教)**

吾之富贵甚易,而人犹弗能。夫不取于人谓之富,不辱于人谓之贵。不取不辱,甚于富贵庶矣哉。

**(儒教)**

临财苟得,见利反义,不义而富,无名而贵,仁者不为也。

**(儒教)**

富而可求也,虽执鞭之士,吾亦为之。如不可求,从吾所好。

(大意是:富如果合于道则可以去求,虽是给人执鞭的下等差事,我也愿意去做。如果富不合于道则不可去求,那就还是按我的喜好去做。)

**(儒教)**

**The voice of wisdom**

荣华终是三更梦，富贵还同九月霜。

（佛教）

智慧和自制力是真正的财富。物质财产并非真正的财富，因为它们随时都可能消失。真正的财富是永存的。蛀虫和锈菌将使尘世的财富腐烂，因而，真正的财富在天国，那里没有什么可以毁坏的。人类的精神将与人类的财富同在，因而，从尘世转向天国吧。不要把这个世界的财富看成是有价值的东西，唯一真正有价值的是精神财富。

（佛教）

富足来自上天。不义之财将不会长久。唯一真正的财富是通过正当途径获得的。太多的财富也将伴生傲慢及其他恶行。

（佛教）

一个人应不断努力,但不要追随在财富之后。如果获得了财富,一个人应把它散与那些需要的人共同分享。注意,谨防财富关上了虔诚生活的大门。财富并不意味着有了德行,它不应成为生活的目标。

**(印度教)**

财富是短暂的,从不可能真正安慰任何人。把信念都集中于财富上的人将被欺骗愚弄,因为财富会给现世和未来也带来痛苦。

**(耆那教)**

在富足时,
大家都跑出来围着他;
可当命运对他皱起眉头,
所有的人便又抛弃了他,
没有一个走近来说说话。
财富可以用来干些什么,

**The voice of wisdom**

不过是荒唐地聚起的一盘散沙。

（锡克教）

兴盛和富裕来自聪明智慧的神对正直人生的奖励。因此，财富必须用以服务于神。

（拜火教）

# 理想

## (志向)

志不立,如无舵之舟,无衔之马,漂荡奔逸,终亦何所底乎?

【儒教】

The voice of wisdom

人无善志,虽勇必伤。

(道教)

圣人之屈者,以求伸也;枉者,以求直也。故虽处邪辟之道,行幽昧之途,将欲以兴大道,成大功。

(道教)

愿我能谦卑、和平、宁静、沉着、安详。愿我能迈向完美的道路,而且能完善地服务别人。

(佛教)

夫吞舟之鱼不游渊，鸿鹄高飞，不就池，何也？其志极远也。

**（儒教）**

立志要高，不要卑；立志要定，不要杂；立志要坚，不要缓。

**（儒教）**

志不立，如无舵之舟，无衔之马，漂荡奔逸，终亦何所底乎？

**（儒教）**

志者，学之师也；才者，学之徒也。学者不患才之不赡，而患志之不立，是以为之者兆，而成之者无几，故君子必立其志。

**（儒教）**

# 心灵

心之忧危,若蹈虎尾,涉于春冰。

【儒教】

The voice of wisdom

你要把衣服洗涤，
你要对污秽远避，
你不可为施恩而求厚裕，
你应该为主而平心静气。

(伊斯兰教)

常存信诚和良善的道德，你可以打那美好的仗。但若丢弃良心，他们必会在诚信的道路上翻船失败。

(基督教)

圣灵结出的果实是：博爱、喜爱、和平、忍耐、仁慈、善良、忠信、温柔、节制。

(基督教)

人心止此方寸地,要当光明洞达,直走向上一路。若有龌龊卑鄙襟怀,则一生德器坏矣。

**(儒教)**

伪心之人,言语委屈,若甚相厚,而中心乃大不然,一时之间,人所信慕,用之再三,则踪迹露见,为人所唾去矣。

**(儒教)**

心之忧危,若蹈虎尾,涉于春冰。

**(儒教)**

君子之心如金,虽遇冶则流,遇淬则坚,其质固不变也。

**(儒教)**

人心不和,虽金城汤池,不能守也。人心苟和,虽三里之城,五里之郭,不可攻也。

**（儒教）**

所有的境界都是以心为引导者的。心是主人，所有的境界都是由心造成的。假如一个人本着污秽的心去言谈举止，那么苦恼便立刻会跟随他，宛如车辆紧跟着牛的足蹄。

**（佛教）**

不嫉妒、不贪婪、没有私欲，在所有的情况下，内心都持有那份宁静，这就是高尚！

**（佛教）**

疾病有两种，哪两种呢？身体的疾病和心灵的疾病。有的人身体似乎可以一年、两年甚至一百年或更多年不生病，可是在这世界上，除了心智没有污垢的圣者以外，心灵能够不生病的人，

实在太少了。

（佛教）

你们不要有骄慢的心，不要有谄曲的心，不要有欺诳的心，不要有悭吝的心，心宜端正，以质直为本。

（佛教）

# 工作

## （勤奋）

蜜蜂很勤勉地采蜜而富足，蚂蚁不懈怠地工作而积蓄。

【佛教】

The voice of wisdom

如果一个人对你说："我工作了,但毫无结果。"你不要相信他。

如果一个人对你说："我还没干,就获得了成功。"你也不要相信。

**(犹太教)**

懒惰的手招致贫乏,而勤劳的手能带来富足。

**(基督教)**

蜜蜂很勤勉地采蜜而富足,蚂蚁不懈怠地工作而积蓄。

**(佛教)**

积上不止，必致嵩山之高；积下不已，必极黄泉之深。

（儒教）

上帝裁决人们的一切言行，
从我们一出生，
任何人难逃神的审判。
成为圣者还是沦为罪人，
只有凭其劳作，
而非口头表白。
进入神的更崇高境界，
唯有靠我们的德行善举。

（锡克教）

通过我们的优秀德行，我们可以达到神性。因此，人们应永远努力工作，以便在无所不知的神的眼中得到承认。

（拜火教）

**The voice of wisdom**

# 金箴

无病第一利,知足第一富,善友第一亲,涅槃第一乐。

【佛教】

The voice of wisdom

慎终如始，则无败事。

**（道教）**

胜人者有力，自胜者强。

**（道教）**

阿纳斯转述真主的信条说："帮助你的弟兄们，无论他做坏事或被损害。"一个信徒问："真主的使者，当我兄弟受到不公正对待时，我帮助他；但是当他干坏事时，我怎能帮助他呢？"使者回答说："你对他最大的帮助就是阻止他干坏事。"

**（伊斯兰教）**

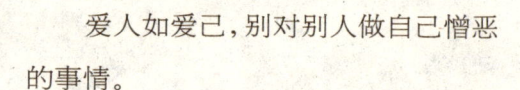

爱人如爱己,别对别人做自己憎恶的事情。

(犹太教)

通常发生下列这种情形:当一个人经历过坏医生的诊疗后,他连好医生也不信任了。

(佛教)

无病第一利,知足第一富,善友第一亲,涅槃第一乐。

(佛教)

布施是去除贪欲,忍辱是止住嗔怒,智慧是远离愚痴,布施、忍辱、智慧,这三者是能进入涅槃之门的路径。

(佛教)

多闻阙疑,慎言其余,则寡尤;多

见阙殆,慎行其余,则寡悔。言寡尤,行寡悔,禄在其中矣。

(儒教)

闻难思解,见利思避,好成人之美,可以立矣。

(儒教)

岁寒然后知松柏之后凋也。

(儒教)

知者不惑,仁者不忧,勇者不惧。

(儒教)

待人如待己,是最为得体的行为。

(印度教)

对待生物像对待自己,所有的生物都憎恶疼痛,所以不应杀生。

(耆那教)

善有善报，恶有恶报，
种瓜得瓜，种豆得豆。
现世的所作所为，
决定来世的投胎和命运。

**（锡克教）**

害人如害己，搬起石头砸自己的脚，千万别做害人又害己的事情。

**（拜火教）**

无论你希望别人为你干什么，你必须给他们回报。
爱自己，亦爱他的邻居。

**（基督教）**

The voice of wisdom